Schöne Dahlien

Berend Meyer

Schöne Dahlien

55 Farbfotos
24 Zeichnungen

E.U.
VERLAG
EUGEN
ULMER

Titelfoto:
Eine der schönsten Seerosen-Dahlien ist die Sorte 'Morning Dew' aus Holland.

Seite 2:
Die beliebte und auf Ausstellungen sehr erfolgreiche Dekorative Dahlie 'Tartan' stammt aus Australien.

Die Deutsche Bibliothek — CIP-Einheitsaufnahme

Meyer, Berend:
Schöne Dahlien/Berend Meyer.—
Stuttgart: Ulmer, 1991
ISBN 3-8001-6442-6

Wollgrasweg 41, 7000 Stuttgart 70 (Hohenheim)
Printed in Germany
Einbandgestaltung: Alfred Krugmann, Freiberg am Neckar
Mit einem Foto von Manfred Hylla, Westerstede
Lektorat: Agnes Pahler
Herstellung: Thomas Eisele
Satz: Typobauer Filmsatz GmbH, Ostfildern 3
Druck und Bindung: Passavia Druckerei GmbH, Passau

Vorwort

Wer sich die große Beliebtheit der Dahlie in unseren Gärten vor Augen hält, und wer sich auch noch an die vielen prächtigen Dahlienbüsche erinnert, die bereits in den Gärten unserer Großmütter blühten, kann sich kaum vorstellen, daß diese Blume keine einheimische Pflanze ist, sondern eine sehr späte Einwanderin aus Mittelamerika. Sie stammt aus Mexiko und kam erst vor 200 Jahren zu uns nach Europa. Bis dahin blühte sie nur im versunkenen Reich der Azteken.

Im Jahre 1789 wurde sie vom Leiter des Botanischen Gartens in Mexiko City ins spanische Mutterland, nach Madrid, gesandt und gelangte von dort in die übrigen europäischen Hauptstädte. Dieses späte Erscheinen in der Alten Welt machte sie dann aber durch eine Karriere wett, die ihresgleichen sucht. Es gibt keine Blume, die in so kurzer Zeit Einzug in alle Gärten hielt. Innerhalb weniger Jahre war sie nicht nur in allen botanischen Gärten und in den Betrieben der Züchter zu finden; sie blühte auch sehr bald in den Gärten der Bürger und Bauern. Gerade in ländlichen Gegenden ist sie heute noch überall zu finden. Ihre Popularität ist ungebrochen. Auch wenn ihr Anbau in den privaten Gärten wegen fehlender Überwinterungsmöglichkeiten für die frostempfindlichen Knollen etwas zurückgegangen ist, ist die Dahlie nach wie vor die »Königin des Herbstes«.

Dem Verlag Eugen Ulmer gebührt deshalb für die Herausgabe eines »Dahlien-Buches« Anerkennung. Trotz der ständig steigenden Flut an Gartenbüchern, guten und weniger guten, gibt es zur Zeit kein Werk über diese weit verbreitete Blume auf dem deutschen Markt. Es gibt zahlreiche Einzelbeiträge und Berichte in Zeitschriften und Fachbüchern. Eine zusammenhängende Darstellung fehlt aber seit langem.

Diese Marktlücke soll das hier vorgelegte Buch schließen. Es wendet sich in erster Linie an den Hobbygärtner. Ich möchte versuchen, dem Blumenliebhaber einen Überblick über das heutige umfangreiche Dahliensortiment und einen Einblick in die Klasseneinteilung zu verschaffen. Insbesondere will ich Tips und Anregungen für den Anbau und die Kultur dieser attraktiven Blume geben. Für den Züchter und Erwerbsgärtner dürften der historische Teil und einige Detailfragen aus der Klassifizierung von Interesse sein.

Besonderen Dank möchte ich meinem Nachbarn, Herrn Manfred Hylla (Westerstede), aussprechen, der manches Wochenende in meinem Garten verbracht hat, um die wunderschönen Aufnahmen von unserer Hauptdarstellerin anzufertigen. Wir können ihm ein sicheres Auge und eine gute Kamera bescheinigen. Herrn Prof. Dipl.-Ing. Alfred Feßler (Freising) danke ich für seine wissenschaftliche Betreuung. Er hat mit seinem immensen Wissensfundus dafür gesorgt, daß mir als reinem Blumenamateur nicht allzu viele botanische Fehler unterlaufen sind. Das instruktive Kapitel über Wildarten stammt von Herrn Ulrich Herzog (Bad Bellingen). Er ist anerkannter Fachmann für diese besonders hübschen und liebenswerten Dahlienarten.

Herr Prof. Dr. Dieter Eschenhagen (Oldenburg) hat sich sehr viel Zeit genommen, um gewissenhaft Korrektur zu lesen, wofür ich ihm herzlich danke. Ich hoffe, er kann mir verzeihen, daß ich nicht alle Anregungen übernommen und auch nicht alle »unseriösen« Bemerkungen aus dem Text entfernt habe. Meine beiden Freunde aus England, Hans Zobel (Steeple Morden) und John Scriven (Royston), müssen noch besonders erwähnt werden. Sie bemühen sich selbstlos, ihre kontinentalen Freunde in die Filigran-Technik der angelsächsischen Dahlienkunst einzuweihen. Danken möchte ich noch der Geschäftsführerin der Deutschen Dahlien- und Fuchsiengesellschaft (DDFGG), Frau Elisabeth Göring (Bad Godesberg), die mich mit verschiedenem, anderswo nicht mehr erhältlichen Material versorgt hat.

Zum Schluß darf ich der zuständigen Lektorin, Frau Agnes Pahler (Stuttgart), bescheinigen, daß sie diskret und liebenswürdig, aber doch zielstrebig alles in die richtigen Bahnen gelenkt hat. Wer beabsichtigen sollte, ein neues Buch zu schreiben, möge sich vertrauensvoll an sie wenden.

Berend Meyer
Westerstede, Frühjahr 1991

Inhaltsverzeichnis

Wen die Dahlie in ihren Bann zieht . . .

Linke Seite: Die einfach blühende 'Fair Bird' ist eine beliebte und dankbare Dahliensorte.

Lieber Leser, die Dahlie hat Ihr Interesse verdient. Sie gehört zu den dankbarsten Blumen in unserem Garten. Sie macht zwar viel Arbeit, beschert uns aber Jahr für Jahr immer wieder eine Unmenge an herrlichen Blüten. Je mehr wir abschneiden, um so mehr Knospen treibt sie nach – und das bis zum späten Herbst. Erst im November, nach den ersten Frösten, stellt sie ihre Blüte ein.

Es gibt keine Blume, die unsere Mühe und Arbeit mehr belohnt als die Dahlie. Welch Blickfang bietet sich alljährlich, wenn im Sommer die ersten Dahlien ihren Blütenzauber entfalten und über viele Monate unermüdlich bis in den Spätherbst hinein blühen, so als wollten sie niemals damit aufhören. Dazu noch mit Blüten, deren Prächtigkeit und Farbintensivität von keiner anderen Blume erreicht wird.

Ich muß Sie aber warnen. Beschäftigen Sie sich nicht zu intensiv mit dieser exotischen Schönheit. Sie wären nicht der erste Gärtner, der dieser Wunderblume immer mehr Platz in seinem Garten einräumt und schließlich nur noch das »Dahlienjahr« im Kopf hat. In einer englischen Zeitung erschien am 10. 1. 1958 ein Bericht über einen Dahlienzüchter, der feierlich versprach, seine Dahlien-Liebhaberei aufzugeben, wenn seine seit dem 30. Dezember verschwundene Ehefrau zurückkehre. Über das Motiv der verbitterten besseren Hälfte gab ein von ihr hinterlassener Zettel Aufschluß: »Dahlien, Dahlien, Dahlien – ich höre nichts als Dahlien – beim Frühstück, beim Mittagessen, und beim Schlafengehen. Jetzt habe ich die Nase voll!« (Jahrbuch der DDFGG 1958, Seite 39)

Ob die Verschwundene zurückgekehrt ist und ob der erfreute Ehemann tatsächlich die Dahlienzucht aufgegeben hat, ist nicht bekannt. Ich hoffe das erstere, bezweifele aber das letztere. Bevor Sie deshalb mit Dahlien beginnen, sollten Sie sich nach einer Ehehälfte umschauen, die nicht so schnell wegläuft.

Die Dahlie ist insgesamt eine unkomplizierte und anspruchslose Pflanze. Lassen Sie sich deshalb von den teilweise sehr detaillierten Pflegehinweisen dieses Buches nicht abschrecken. So schwierig, wie es zunächst scheint, ist es nicht. Wenn wir uns ein wenig um diese schöne Blume bemühen, gehört sie mit zum Besten, was der Garten zu bieten hat. Wir können uns auf ihre besondere Blühwilligkeit und große Farbenpracht immer verlassen.

'Pergolesi', eine sehr reizvolle Cactus-Dahlie.

Die Geschichte der Dahlie

Die Geschichte der Dahlie beginnt – wie viele andere Geschichten auch – im Jahre 1492 mit der Entdeckung Amerikas. Die Dahlie stammt aus Mexiko und war vorher in Europa nicht bekannt. Es war aber nicht Columbus, der diese Blume als erster Europäer gesehen hat. Dies Privileg gebührt wahrscheinlich dem spanischen Eroberer **Hernando Cortez**, der 1519 bis 1521 mit einer Handvoll Abenteurer das riesige mexikanische Reich der Azteken unter ihrem Herrscher Montezuma II. unterwarf.

Cortez und Montezuma

Der spanische Gouverneur von Kuba hatte Cortez mit einem kleinen Expeditionscorps auf das damals noch unbekannte mittelamerikanische Festland geschickt, immer auf der Suche nach neuen Ländern, nach neuen Reichtümern. Das sagenumwobene »Eldorado«, das Land des Goldes, war noch nicht gefunden. Cortez konnte mit seinen Haudegen bis in die mexikanische Hauptstadt Tenochtitlan, dem heutigen Mexiko City, vordringen. Er wurde von Montezuma ehrenvoll empfangen. Die Azteken waren sich nicht schlüssig, wie sie sich den Spaniern gegenüber verhalten sollten. Die ihnen völlig fremden Männer mit weißer Haut, schwarzen Bärten, großen Schiffen und merkwürdigen, Furcht einflößenden Tieren, den Pferden, waren vielleicht Götter oder Götterboten. Es gab Weissagungen über die Rückkehr weißer Götter.

Montezuma war als König zugleich auch oberster Priester seines Landes. Er ließ die Spanier nicht töten oder einkerkern, obwohl ihm dies möglich gewesen wäre. Die Azteken waren ein kriegerisches und auf ständige Eroberungen ausgerichtetes Volk mit einem gut organisierten Heer, gegen das Cortez damals nichts hätte ausrichten können. Die Spanier wurden statt dessen von Montezuma gastfreundlich aufgenommen. Sie waren Gäste in seinem Palast. Der Herrscher der Azteken wollte die weitere Entwicklung abwarten.

Durch eine List gelang es Cortez dann, Montezuma gefangen zu nehmen und als Geisel gegen sein eigenes Volk einzusetzen. In zwei sich anschließenden wechselvollen Kriegsjahren und nach Eintreffen weiterer spanischer Truppen war schließlich das auf dem mexikanischen Hochland gelegene Aztekenreich unterworfen und für die spanische Krone gewonnen. Es wurde seitdem von spanischen Vizekönigen und Gouverneuren verwaltet, was auch für unsere Titelheldin, die Dahlie, von Bedeutung sein sollte.

Der große Traum von Hernando Cortez, Vizekönig der von ihm eroberten Gebiete zu werden und weitere Entdekkungen zu machen, erfüllte sich nicht. Militärische Rückschläge und politische Intrigen verhinderten seine Ernennung. Cortez starb verbittert 1547 in Spanien. Montezuma war bereits 1520 in Mexiko an Verletzungen, die er bei einem Aufstand erlitten hatte, verstorben.

Hernando Cortez war nicht nur ein mutiger Conquistador. Er war auch ein für damalige Verhältnisse gebildeter spanischer Edelmann. Wir haben von ihm zahlreiche Briefe und Berichte über seinen dramatischen Eroberungszug. Aus diesen Unterlagen wissen wir, daß die Azteken bereits große und wunderschöne Gartenanlagen unterhielten, in denen alle damals in Mexiko erreichbaren botanischen Schätze gesammelt wurden. Cortez beschreibt voller Bewunderung verschiedene Gärten. In diesen Anlagen haben er und seine Soldaten — ohne es zu wissen — mit Sicherheit die ersten Dahlien gesehen. Es ist anzunehmen, daß dort nicht nur Wildarten, sondern auch schon Kulturformen vorhanden waren. Die in den folgenden Jahrhunderten von europäischen Botanikern entdeckten und nach Europa gebrachten Dahlienpflanzen waren nämlich teilweise bereits züchterisch bearbeitet. Wir können deshalb, ohne der Historie Gewalt anzutun, davon ausgehen, daß einige unserer Dahlien-Vorfahren direkt aus Montezumas Garten stammen.

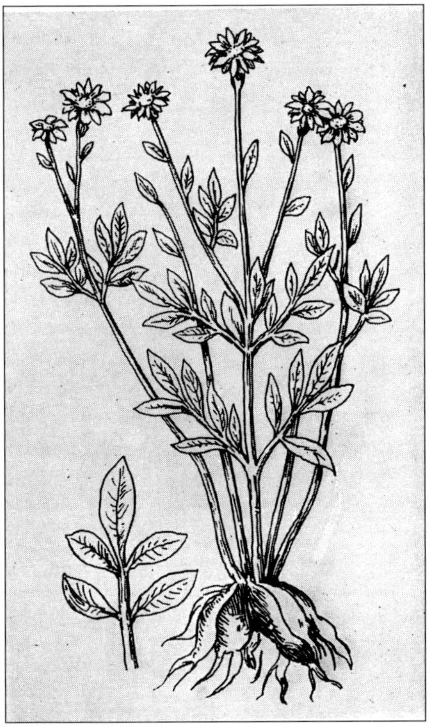

Von dem spanischen Arzt Francisco Hernandez stammen die ersten Beschreibungen und Abbildungen der Dahlien. (Aus Dänhardt 1963)

Acocotli und Chichipatli

Cortez, der Eroberer, war kein Botaniker. Er hatte anderes im Sinn. Von ihm und seinen Gefolgsleuten haben wir deshalb keine Beschreibungen der Dahlie. Den ersten — nachprüfbaren — Bericht finden wir bei dem spanischen Arzt **Francisco Hernandez**, der sich im Auftrag der spanischen Krone (Philipp II. war damals König) von 1571 bis 1577 und noch einmal von 1593 bis 1600 in Mexiko aufhielt. Er hat uns umfangreiche Manuskripte hinterlassen, in denen er sich — aus medizinischen Gründen — auch mit der Flora Mexikos befaßt. Diese Schriften wurden erst später (1651 und 1790) unter dem Titel »De Rerum Medicarum Novae Hispaniae« veröffentlicht. Sie enthalten Beschreibungen einer »acocotli« genannten Blume. Auch der Name »chichipatli« taucht auf.

Die Beschreibungen sind mit Abbildungen versehen. In diesen Bildern — im Zusammenhang mit den Texten — erkennt man ohne Zweifel unsere Dahlie, die damals allerdings noch nicht so hieß. Ihre europäische Taufe erfolgte später. Wir können bei Hernandez einfache sowie gefüllte Sorten in verschiedenen Farben finden. Auch die Knollen sind präzise abgebildet.

Der nächste uns überlieferte Bericht stammt von einem gewissen Monsieur **Nicolas Thierry de Menonville**, der 1787 im Auftrage Frankreichs (dort herrschte Ludwig XVI.) nach Mexiko reiste. Er war als Spion und Pflanzenschmuggler unterwegs. Er sollte die von den Spaniern gehütete Cochenille-Laus und deren Nährpflanze, eine besondere Kakteenart, in den französischen Teil von Haiti, nach Saint Domingue (Santa Domingo), bringen, was ihm auch gelang. Aus der Cochenille-Laus wurde ein wertvoller Farbstoff gewonnen, der damals einen wichtigen Wirtschaftsfaktor darstellte. Menonville fertigte einen Bericht über seine Unternehmung. Darin wird der Besuch eines Gartens in Guaxaca erwähnt, verbunden mit der Beschreibung einer Pflanze, bei der es sich nach Meinung der Botaniker nur um eine Dahlienart gehandelt haben kann.

Weitere frühe Berichte von Europäern über die Dahlie sind bis heute nicht bekannt. Ursprüngliche mexikanische bzw. aztekische Informationen sind nur indirekt vorhanden. Die **Azteken** hatten bekanntlich keine Schriftsprache, sondern benutzten Bildtafeln, zu denen wir heute »Comics« sagen würden. Die meisten davon sind nach der Eroberung von den übereifrigen christlichen Mönchen und Verwaltungsbeamten als Zeugnisse des alten heidnischen Glaubens systematisch vernichtet worden. Einige wenige blieben aber bis heute erhalten. Auch wurden später etliche Aufzeichnungen neu erstellt, zum Beispiel von dem weitsichtigen und vorurteilslosen Fray Bernadino de Sahagun. Außerdem sind steinerne Zeugnisse, Friese und Plastiken, an Tempel- und Palastruinen vorhanden.

In verschiedenen dieser Darstellungen sind Blumen direkt oder als Ornamente abgebildet. Von einigen Autoren (Withley, »Dahlias of Today«, 1987) werden sie teilweise als Dahlien interpretiert, die im Leben der Azteken und ihrer Mythologie eine wichtige Rolle gespielt haben sollen. Die Dahlie wird als Symbol der Sonne betrachtet. Dabei dürfte es sich aber zum Teil um spekulative Überlegungen handeln. Weitere Untersuchungen in dieser Richtung wären sicherlich erforderlich.

Dornröschen

Die bisher behandelten Berichte über die Dahlie waren insgesamt nur Hinweise auf eine in Mexiko beheimatete Pflanze, auf eine von vielen Blumen, die kaum einer kannte und für die sich so recht niemand interessierte. Die Dahlie schlummerte wie Dornröschen in einem fernen, verwunschenen Schloß und wartete auf ihre Entdeckung. Sie war zwar nicht von dornigen Rosen umgeben, wohl aber von großen Ozeanen, und der Märchenprinz hatte noch keine Segel gesetzt. Ihre – offizielle – Entdekkung erfolgte erst Ende des 18. Jahrhunderts, also 300 Jahre nach Columbus.

Wenn man diesen langen Zeitraum betrachtet, erscheinen die bis dahin bekannten Beobachtungen und Berichte sehr ungenügend, in jedem Fall im Vergleich zu der Bedeutung, die die Dahlie heute im Gartenbau hat. Ich kann mir diesen Umstand nur damit erklären, daß die Dahlie in ihrer ursprünglichen Form nicht besonders attraktiv war. Sie war für den Botaniker und Gärtner, der sie vor Ort in Mittelamerika beobachtete, offenbar nicht sonderlich interessant und erwähnenswert. Es gab Besseres in Mexiko. Wir müssen bedenken, welche ungeheure Pflanzenvielfalt es auf dem neuen amerikanischen Kontinent zu entdecken galt. Dagegen fiel unsere Dahlie nicht weiter ins Gewicht, selbst wenn wir berücksichtigen, daß sie in Mexiko auch schon als Kulturform mit halbgefüllten Blüten vorkam. Sie war einfach noch zu unscheinbar. Sie war ein Mädchen mit inneren Werten, die es noch zu entdecken galt.

Laut den Gebrüdern Grimm mußte das arme Dornröschen hundert Jahre in ihrem von Dornen umrankten Schloß warten, bis der Märchenprinz kam und sie wachküßte. Unsere Prinzessin, die Dahlie, mußte dreihundert Jahre warten, bis sie entdeckt und nach Europa gebracht wurde. Wir können natürlich nicht ausschließen, daß auch schon in den vorangegangenen Jahrhunderten Knollen oder Samen in die Alte Welt gelangt sind, ohne daß wir dieses wissen. Es war üblich, daß Gärtner, Botaniker und Reisende botanische Schätze sammelten und in ihre Heimatländer schickten. Auch zwischen den botanischen Gärten und den zahlreichen Gartenanlagen der Fürstenhäuser und großen Städte fand stets ein reger Austausch interessanter Pflanzen statt. Dafür sorgten schon die Gärtner und Direktoren, die für ihre Gärten immer das Beste zusammenzutragen hatten und stets auf neue

'Betty Bowen', eine bewährte Dekorative Dahlie mit ansprechendem Farbton.

Pflanzen aus fernen Ländern und Kontinenten warteten. Auch war man ständig auf der Suche nach Pflanzen, die man für Nahrungs-, Futter- und Wirtschaftszwecke einsetzen konnte. Ich bin mir deshalb sicher, daß schon vor der offiziellen Entdeckung der Dahlie gelegentlich Exemplare nach Europa gekommen sind. Sie wurden aber nicht weiter beachtet und fanden keine Erwähnung in der botanischen Literatur.

Erst durch die Ende des 18. Jahrhunderts erfolgte Übersendung nach Europa wurde die Dahlie für die botanische Wissenschaft entdeckt und konnte züchterisch bearbeitet werden. Für diesen Vorgang haben wir sichere Angaben. Daten und Personen sind bekannt. Während Dornröschen sich aber noch mit nur einem Prinzen begnügte, müssen wir unserer Prinzessin aus Mexiko einen etwas großzügigeren Umgang anlasten. Gleich mehrere Märchenprinzen müssen genannt werden, die sie aus ihrem Dornröschenschlaf im fernen Mexiko erweckten und dafür sorgten, daß aus der kleinen Acocotli die Grande Dame wurde, die die Dahlie heute unbestritten darstellt.

Die Märchenprinzen

Als ersten in dieser Reihe müssen wir den Direktor des Botanischen Gartens von Mexico City nennen, Señor **Vicente Cervantes** (1755 bis 1829). Dieser in Spanien geborene Botaniker erkannte offenbar als erster den möglichen Wert der noch unbekannten und unbenannten Pflanze. Er sandte Samen nach Europa. Da Mexiko zum großen spanischen Kolonialreich gehörte, lag es nahe, daß die Sendung nach Madrid ging.

Dort wurde sie von seinem Kollegen, dem Kleriker Abbé **Antonio José Cavanilles** (1745 bis 1804), in Empfang genommen. Die Übersendung nach Spanien erfolgte wahrscheinlich im Jahr der Französischen Revolution, 1789. Genannt werden allerdings auch die Jahre 1784 und 1785. Cavanilles war Direktor des Botanischen Gartens in Madrid und muß wahrscheinlich über eine große Fülle des verschiedensten Pflanzenmaterials verfügt haben, welches ihm aus allen Erdteilen, insbesondere natürlich aus den spanischen Kolonien, zugeschickt wurde. Ob er den besonderen Wert der Dahlie sofort erkannt hat, muß bezweifelt werden. Ich vermute, daß sie für ihn nur eine von vielen Einfuhren aus Übersee darstellte, die er in seinem Garten anbauen konnte.

Auf jeden Fall war er, soweit bekannt, der erste, der unsere Dahlie in Europa auspflanzte und zum Blühen brachte. Dies war im Jahre **1790**. Dieses Datum können wir getrost als Jubiläumsjahr betrachten. In Wien wurde dementsprechend auch im Jahre 1990 unter der Ägide des bekannten österreichischen Dahlienzüchters Dr. Gerhard Wirth im Donau-Park eine große Internationale Dahlienausstellung durchgeführt.

Vor allen Dingen tat Cavanilles das, was nunmehr dringend geboten war. Er gab der Einwanderin aus Mexiko einen offiziellen Namen. Namensgebungen sind in Botaniker-Kreisen immer etwas Besonderes und werden sehr wichtig genommen. Man will damit sich selbst oder anderen Kollegen ein botanisches Denkmal setzen. Neu entdeckte Pflanzen werden deshalb häufig nach berühmten oder weniger berühmten Botanikern und Kollegen benannt, deren Namen auf diese Weise für alle Zeiten der Nachwelt erhalten bleiben. In unserem Fall traf diese Ehre den schwedischen Botaniker **Andreas Dahl** (1751 bis 1789), einen Schüler des bekannten Karl von Linné. Nach diesem Kollegen wurde unsere Mexikanerin nunmehr »Dahlia« genannt.

Die Veröffentlichung der Namensgebung erfolgte 1791. Die neue Pflanze wurde durch Cavanilles in seinem Werk »Icones et descriptiones plantarum« der Öffentlichkeit vorgestellt. Sie wurde mit dem botanischen Namen *Dahlia pinnata* versehen und auch abgebildet. Die Blüte war halbgefüllt, mit gelber Scheibe und blaurötlichen Randblüten. Später (1794) wurden noch zwei weitere Dahlien beschrieben, und zwar *Dahlia coccinea* und *Dahlia rosea*.

Nunmehr war die Dahlie hoffähig und konnte ihren unvergleichlichen Siegeszug durch Europa und später die ganze Welt antreten. Innerhalb weniger Jahre gelangte sie in die anderen europäischen Hauptstädte, nach Paris, London und Berlin. In Dresden soll bereits 1800 bei Hofgärtner Johann Heinrich Seidel eine erste Dahlie unter dem Namen *Dahlia lilacina* geblüht haben.

Was halten wir nun von dieser Namensgebung? Ist »Dahlie« ein passender Name? Ich finde ihn etwas prosaisch und farblos. Den ursprünglichen Namen »Acocotli« oder ein anderes klangvolles aztekisches Wort hätte ich vorgezogen. Es hätte besser zu der geheimnisvollen, exotischen Herkunft der Dahlie gepaßt. Die Sache ist aber entschieden. Cavanilles hatte vor 200 Jahren das Benennungsrecht und konnte den Namen für alle Zeiten festlegen.

Auch Deutschland konnte einen Märchenprinzen beisteuern. Kein Geringerer als der berühmte Weltreisende und Naturforscher **Alexander von Humboldt** (1769 bis 1859) war derjenige, der von deutscher Seite aus zur Einführung der Dahlie in Europa einen wichtigen Beitrag leistete. Er hatte 1803 zusammen mit seinem Begleiter Aimé Bonpland, einem französischen Gelehrten, auf seiner Reise durch Mexiko Dahlien entdeckt und deren Samen gesammelt. In Mexiko City erfuhr er dann von dem schon erwähnten Direktor des Botanischen Gartens, Vicente Cervantes, daß dieser die Pflanze bereits kannte und auch schon Samen nach Madrid gesandt hatte.

1804 kehrte Alexander von Humboldt zunächst nach Paris zurück. Im Botanischen Garten von Montpellier wuchsen bereits erste, aus Madrid bezogene Dahlien. Der von ihm mitgebrachte Samen führte aber zu einer weiteren Verbreitung der Dahlie, zumal er auch andere Arten mit neuen Farben (rot und orange) entdeckt hatte.

Im Botanischen Garten von Berlin machte sich dann der dortige Inspektor **Christoph Friedrich Otto** (1783 bis 1856) um die Vermehrung der Dahlie verdient. Er hatte schon vor Humboldt Dahlien aus Madrid erhalten. Er baute die Dahlie in großem Umfang an und beschäftigte sich auch schriftstellerisch mit dem Neuankömmling.

Inspektor Otto leistete übrigens nach einem Bericht von Humboldts eine wichtige »Entwicklungshilfe« für die englischen Gärten. Er lieferte neue Pflanzen nach England, nachdem man dort 1804 und 1805 sämtliche Dahlien, die aus Madrid gekommen waren, infolge falscher Kulturmaßnahmen verloren hatte.

Dahlia contra Georgina

Sie haben sicher schon den Namen »Georgine« gehört. Ich bin von Gartenfreunden oft gefragt worden, ob Georginen andere Blumen als Dahlien oder besondere Sorten davon seien. Es handelt sich aber um ein und dieselbe Pflanze, nämlich um unsere heutige Dahlie.

Die unterschiedlichen Namen gehen auf eine Kuriosität zurück, für die ein deutscher Professor verantwortlich zeichnet – wenn auch ohne böse Absicht. Nachdem Cavanilles 1790 bzw. 1791 der Dahlie ihren heutigen Namen gegeben hatte, stellte Prof. **Karl Ludwig Willdenow** (1765 bis 1812) fest, daß auch ein anderer, ebenso berühmter Kollege, nämlich **Carl Peter Thunberg** (1743 bis 1828), der Nachfolger von Linné, ebenfalls im Jahre 1791 eine ganz andere Pflanze nach dem besagten Andreas Dahl benannt hatte, und zwar *Dahlia crinata*. Willdenow war der Meinung, daß die Benennung durch Thunberg früher erfolgt sei und deshalb Vorrang habe. Er taufte unsere Dahlie kurz entschlossen um (»Species Plantarum« 1803) und nannte sie »Georgina variabilis«, und zwar wiederum zu Ehren eines Kollegen, diesmal nach dem deutschen Professor **Johann Gottlieb Georgi** (1729 bis 1802), der in St. Petersburg gelebt und gearbeitet hatte.

Dabei hatte Willdenow aber übersehen, daß die Namensgebung durch Thunberg erst 1792, also ein Jahr nach

'Minley Sharon' zählt zu den klassischen Pompon-Dahlien mit kugelrunder, geschlossener Blüte.

Cavanilles, veröffentlicht worden war. Sie hatte also doch keinen Vorrang und mußte wieder zurückgezogen werden. Die Umbenennung durch Willdenow war deshalb nicht erforderlich und unzulässig.

Dies alles klärte sich erst nach und nach auf. Der Name Georgine war in vielen Ländern, insbesondere auch in Deutschland, viele Jahrzehnte lang allgemein üblich und wird teilweise auch heute noch verwandt, zum Beispiel in Rußland und auch im Ursprungsland, in Mexiko. Da im vorigen Jahrhundert bis zum Erscheinen der *Dahlia juarezii* überwiegend runde, geschlossene Formen gezüchtet wurden, verbindet sich für viele der Name Georgine mit den runden Ball-Dahlien. Manche meinen, daß diese Formen heute noch so genannt würden. Aber das ist, wie wir gesehen haben, ein Irrtum.

Der Siegeszug der Dahlie

Nachdem die Dahlie in Europa eingeführt und auch getauft war, war der Startschuß für eine Karriere ohnegleichen gegeben. Dabei kommt den europäischen Gärtnern das Verdienst zu, im Gegensatz zu ihren mittelamerikanischen Kollegen sehr schnell die immensen züchterischen Möglichkeiten der Dahlie erkannt zu haben. Die heute im

Die alte, beliebte Sorte 'Edinburgh' blüht sehr zuverlässig und ist widerstandsfähig gegenüber Krankheiten.

Garten angebaute Kultur-Dahlie ist eine sogenannte Hybride. Sie ist aus der Verschmelzung verschiedener Arten (Wildarten) entstanden und hat deshalb auch meistens einen höheren Chromosomensatz als die Ausgangsformen.

Die Dahlienhybriden tragen die botanischen Namen *Dahlia × cultorum* und *Dahlia variabilis*. Das Wort »variabilis« heißt »veränderlich«. Dieser Bezeichnung macht die Dahlie alle Ehre. Es gibt kaum eine andere Blume, die sich derart gut zur züchterischen Weiterentwicklung eignet und die willig immer wieder neue Farben und Formen produziert. Seit ihrer Einführung sind über 200 Jahre vergangen. Viele, viele Züchter haben sich mit ihr befaßt. Jahr für Jahr werden dem staunenden Publikum immer wieder neue Sorten präsentiert und immer wieder sind Dahlien darunter, denen man einen echten Neuheitenwert zusprechen muß.

Die besondere genetische Beschaffenheit der Dahlie und die – jedenfalls im Verhältnis zu anderen Kulturpflanzen – schnelle und leichte Züchtungsarbeit ermöglichen es, innerhalb ganz weniger Jahre neue Sorten zu züchten und auf den Markt zu bringen (siehe Seite 84). Dies war neben der besonderen Attraktivität des Neu-Imports aus Mexiko der Grund für den Anfang des 19. Jahrhunderts einsetzenden Dahlienboom. Die Dahlie und die Dahlienzucht breiteten sich geradezu explosionsartig über ganz Europa aus. In Frankreich, Großbritannien und insbesondere auch in Deutschland beschäftigten sich nicht nur die botanischen Gärten, sondern auch sehr bald private Betriebe mit der schönen Mexikanerin und sorgten durch ständige Neuzüchtungen und durch professionellen Vertrieb für ihre rasche Verbreitung und ständig steigende Beliebtheit. Es gab sehr bald keinen öffentlichen oder privaten Garten mehr, in dem nicht auch Dahlien blühten. Insbesondere in ländlichen Gegenden waren sie weit verbreitet. Wegen ihrer leichten Vermehrung war sie im Gegensatz zu vielen anderen Blumen nach kurzer Zeit kein Privileg der Reichen mehr. Sie hielt Einzug in alle Gärten.

Die deutschen Dahlienzüchter erlangten bald eine führende Rolle. Leider ist es hier nicht möglich, alle Pioniere der deutschen Dahlienzucht im einzelnen aufzuzählen. Erwähnt seien nur einige Personen und Daten.

Pioniere der deutschen Dahlienzucht

1800	In der Hofgärtnerei Seidel in Dresden blüht die erste Dahlie (*Dahlia lilacina*)
1805	Christoph Friedrich Otto wird Inspektor des Botanischen Gartens Berlin
1806	Hofgärtner Breiter, Leipzig, benennt bereits 55 verschiedene (einfachblühende) Dahlien seines Betriebes
1808	Garteninspektor Hartwig, Karlsruhe, züchtet die erste wirklich geschlossene Dahlie; daraus entstehen die ersten Ball-Dahlien
1822	Die wahrscheinlich erste schriftliche Kulturanleitung erscheint in einem Gartenbuch (Johann Heinrich Steube: »Neues theoretisch-praktisches Lehrbuch der gesamten Gartenkunst«)
1824	Christian Deegen eröffnet in Köstritz eine eigene Gärtnerei (er war vorher Beamter)
1836	Die wahrscheinlich erste offizielle Dahlienausstellung findet auf einem Naturforscher- und Ärzte-Kongreß in Jena statt; Christian Deegen stellt rund 200 Sorten aus; vorgestellt wird unter anderem die eigene Neuzüchtung 'Alexander von Humboldt' in Anwesenheit des Namensgebers
1850	In Deutschland entstehen die sogenannten Pompon-Dahlien, auch Liliput-Dahlien genannt; Johann Sieckmann berichtet darüber in der »Thüringer Gartenzeitung«
1881	Max Deegen, Köstritz, beginnt mit Züchtungsarbeiten mit der 1872 in Holland eingeführten *Dahlia juarezii*
1890	Der Gartenbaubetrieb Engelmann in Zerbst hat rund 1000 Sorten im Programm und verfügt damit über das größte Dahlienangebot in Europa
1897	Gründung der Deutschen Dahlien-Gesellschaft in Berlin-Steglitz

Dahlia juarezii

Ein Meilenstein in der Geschichte der Dahlienzucht ist das Erscheinen der *Dahlia juarezii*. Sie ist die Stammutter der Cactus- und Semi-Cactus-Dahlien und in gewissem Umfang auch der heutigen Dekorativen Dahlien. Es handelt sich um einen Import aus Juxphor (Mexiko) mit roten, spitzen, leicht nach hinten gebogenen Blütenblättern. Sie kam 1872 mit einer Sendung anderer Dahlien nach Holland zu dem Züchter J. F. van der Berg in Utrecht.

Mit der Einführung dieser Sorte ist eine Anekdote verbunden. Die gesamte Lieferung war auf der langen Seereise verdorben. Der Züchter warf alles ärgerlich in die Ecke. Eine Dahlie überlebte und wurde später auf dem Komposthaufen entdeckt. Es war unsere *Dahlia juarezii*, die ihren ausgefallenen Namen kurze Zeit später von dem Züchter R. C. Affourtit erhielt. Affourtit benannte sie nach dem mexikanischen Präsidenten **Carlo Benito Juárez** (1806 bis 1872), der Mexiko von der damaligen französischen Besatzungsmacht befreite und 1867 den von Frankreich eingesetzten glücklosen »Kaiser« Maximilian von Habsburg standrechtlich erschießen ließ. Juárez war eine schillernde Persönlichkeit indianischer Abstammung, dem viele schlechte, aber auch viele gute

Die Semi-Cactus-Dahlie 'Orchid Princess' fällt durch ihre sauberen Farben besonders auf.

Charakterzüge nachgesagt werden, ein passender Namensgeber für die neue Dahlie aus Mexiko. In Frankreich erhielt die Dahlie mit ihren Abkömmlingen übrigens den Namen »Étoile du Diable« (Stern des Teufels).

Die *Dahlia juarezii* bewirkte Entscheidendes. So wie in Gestüten gelegentlich neue Hengste aus anderen Zuchtgebieten eingeführt werden, um frisches Blut einzubringen, konnte die neue Dahlie für die Züchtung neuer Sorten mit noch unbekannten Formen eingesetzt werden. Bis dahin mußte man sich überwiegend auf runde, geschlossene Blüten, die heutigen Ball-Dahlien, konzentrieren. Nun konnte man ganz andere, neue Formen züchten, nämlich den Cactus-Typ.

Die *Dahlia juarezii* war selbst nicht besonders attraktiv; die Blüten saßen zu tief im Laub. Die Blütenblätter liefen aber spitz zu und waren nach hinten gebogen, wie umgeklappt. Sie zeigten also das, was die heutige Cactus-Dahlie ausmacht. Die *Dahlia juarezii* war wahrscheinlich keine reine Wildform mehr, sondern eine bereits züchterisch bearbeitete Pflanze, wobei man allerdings nicht ausschließen kann, daß es sich vielleicht auch um eine natürliche Hybride gehandelt haben könnte. Wir würden sie heute zur Klasse der Semi-Cactus-Dahlien zählen.

Sie wurde ab 1881 bei Max Deegen in Köstritz für Züchtungsarbeiten eingesetzt. Deegen war in Deutschland der erste Züchter, der sich mit den Cactus-Dahlien beschäftigte. Die neuen Sorten fanden zunächst keinen besonderen Anklang. Erst die weißblühende englische Sorte 'Mrs. A. Peart' (Ware 1893) soll der Cactus-Dahlie zum endgültigen Durchbruch verholfen haben (Jahrbuch der DDFGG 1935, Seite 15).

Die gesamte Dahlienzucht wäre ohne die Cactus-Dahlie völlig undenkbar. Wollte man einer Dahlie ein Denkmal setzen, käme hierfür – abgesehen natürlich von den durch Cavanilles und von Humboldt eingeführten Urahnen – nur die *Dahlia juarezii* in Betracht.

Die Dahlie aus botanischer Sicht

Die Dahlie gehört zur Familie der Compositae, den sogenannten »Körbchenblütlern«. Hierzu zählen auch viele andere bekannte Zierpflanzen, zum Beispiel die Astern, Sonnenblumen, Tagetes, Sommerauge *(Heliopsis)*, Sonnenhut *(Rudbeckia)*, Margeriten *(Chrysanthemum)*, Kamille und Cosmeen. Die Körbchenblütler sind eine der artenreichsten Familien im Pflanzenreich.

Ein bißchen Systematik

Gemeinsames Merkmal dieser Pflanzen ist, daß die Blumen, genauer die Blütenstände, aus vielen kleinen, einzelnen Blüten gebildet werden, die wie in einem Körbchen zusammensitzen (»Komposition«). Das, was wir bei der Dahlie als »Blüte« bezeichnen, besteht in Wahrheit aus einer Vielzahl von Einzelblüten, und zwar den kleinen Scheiben- oder Röhrenblüten in der Mitte, welche die sogenannte Scheibe bilden, und den größeren, bunten Rand-, Zungen- oder Strahlblüten, die um die Scheibe herumsitzen.

Diese Randblüten bezeichnen wir gemeinhin als die »Blütenblätter« der Dahlie. Sie sind das, was für uns Gärtner von Interesse ist. Sie bilden optisch die »Blüte«, den Blütenstand, und bestimmen dessen Aussehen und sein, je nach Sorte, unterschiedliches Erscheinungsbild. Die Randblüten oder »Blütenblätter« kommen in sehr verschiedener Anzahl vor. Die einfach blühenden Dahlien (Klasse I) haben nur sechs bis zehn (meistens sind es acht) »Blütenblätter«. Diese bilden den Blütenring um die deutlich sichtbare Mitte, die Scheibe. Bei den stark gefüllten Dekorativen Dahlien (Klasse V) geht die Anzahl dieser Strahlblüten dagegen in die Hunderte. Bei ihnen haben sich die meisten der Röhrenblüten aus der Scheibe in Zungenblüten umgewandelt.

Die Familie der Compositae ist übrigens inzwischen vom botanischen Standesamt umgetauft worden. Die in der Botanik für diese Fragen zuständigen Personen, die sogenannten Taxonomen, haben beschlossen, daß diese Pflanzenfamilie nunmehr »Asteraceae« heißen soll.

Innerhalb dieser — umgetauften — Familie bilden die Dahlien eine Gattung, nämlich die Gattung *Dahlia*. In dieser sind alle vorhandenen Arten von Dahlien zusammengefaßt. Es gibt außer unseren im Garten angebauten Kulturdahlien noch viele weitere Vertreter dieser Gattung, nämlich etliche Wildformen, die im nächsten Kapitel vorgestellt werden. Die verschiedenen Arten werden, um die Sache für den botanischen Laien noch komplizierter zu machen, auch noch in Sektionen und Varietäten unterteilt.

Innerhalb der Gattung *Dahlia* bilden die heute im Garten verwendeten, durchgezüchteten Dahlien eine eigene Art, nämlich die *Dahlia*-Hybriden (*D.* × *cultorum* und *D. variabilis* hort.). Diese Art wird aus botanischer Sicht nicht weiter aufgeteilt. Die im Gartenbau noch zusätzlich benutzte **Klasseneinteilung** (zum Beispiel in Dekorative, Ball-, Pompon-Dahlien usw.) ist eine rein gärtnerische Untergliederung, die die Übersicht über die zahllosen Sorten erleichtern soll (siehe Seite 29 ff.).

Innerhalb des großen Kreises der Dekorativen Dahlien ist 'Fred's Nr. 10' eine besonders attraktive Sorte.

Die Kultur-Dahlien, die *Dahlia*-Hybriden, stammen von den verschiedenen aus Mexiko eingeführten ersten Dahlienarten ab. Dabei handelte es sich meistens um Wildformen. Es waren aber auch, wie wir im Kapitel »Die Geschichte der Dahlie« gesehen haben, bereits züchterisch bearbeitete Pflanzen darunter, die schon von den Azteken und den ersten europäischen Gärtnern vor Ort in Mexiko kultiviert wurden. Auch nach der Einführung der Dahlie in Europa (1789/90) wurden ständig weitere Arten und Sorten aus Mexiko bezogen, etwa die berühmte *Dahlia juarezii*.

Die heutigen Kultur-Dahlien sind durch intensive Züchtung und Weiterentwicklung dieser Einfuhren aus Mittelamerika entstanden. Sie haben vom äußeren Erscheinungsbild her oft nur noch wenig Ähnlichkeit mit ihren Vorfahren.

Die für den Gärtner wichtigen und bei dieser Pflanzenart besonders auffälligen **Knollen**, die im Winter aus der Erde geholt werden müssen, sind botanisch gesehen sproßbürtige Speicherwurzeln oder Wurzelknollen.

Die Knollen enthalten übrigens bis zu 40 Prozent Inulin. Auch ätherische Öle sowie Vanillin sind vorhanden. Diese Stoffe führten dazu, daß Dahlien bei den Azteken auch für medizinische Zwecke angebaut wurden. Sogar zur Moskito-Bekämpfung soll die Dahlie benutzt worden sein.

Dahlienknollen und die übrigen Pflanzenteile sind – in Grenzen – eßbar. Man findet gelegentlich Rezepte für wagemutige Köche. Auch zur Viehfütterung sind früher versuchsweise Knollen eingesetzt worden. Die Versuche schlugen aber fehl, weil das Vieh die Knollen verschmähte.

Wildformen

Die Gattung *Dahlia* besteht aus insgesamt 28 verschiedenen Arten. Diese werden in vier Sektionen zusammengefaßt. Zwei Arten werden auch noch in sogenannte Varietäten unterteilt: von *Dahlia dissecta* gibt es zwei, von *Dahlia australis* vier Varietäten.

Das natürliche Verbreitungsgebiet der Dahlien beschränkt sich größtenteils auf das Hochland von Mexiko und Zentralamerika. Hier kommen die Dahlien in etwa 1500 bis 4300 m Höhe vor. Nur *Dahlia coccinea* und *Dahlia imperialis* finden sich auch in einigen Ländern Südamerikas. Bei diesen beiden Arten liegt jedoch die Vermutung nahe, daß sie dort eingeschleppt wurden und dann verwilderten.

Die Gattung *Dahlia* beinhaltet Pflanzen mit den unterschiedlichsten Wuchs-

Es existiert eine sehr große Zahl botanischer Dahlien. Trotz ihrer kleinen und wenig gefüllten Blüten können sie sehr apart aussehen. Hier die Art *Dahlia merckii.*

formen. Es gibt zwergige, ausdauernde Pflanzen mit 30 bis 45 cm Höhe *(Dahlia scapigera)*. Als Gegensatz dazu existieren drei Arten großer, baumförmiger Dahlien, deren größte bis zu 9 m hoch werden können. Diese Riesen haben gefiederte Blätter mit maximal 90 cm Länge. Die Blüten dieser Pflanzen erreichen Durchmesser von 9 bis 15 cm, sie sind hell-lila bis weiß und stehen bei einer Art wie Glocken am Ende des Stammes.

Die Hauptgruppe der Dahlien bilden jedoch strauchige Pflanzen mit einer Höhe zwischen 60 cm und 3 m. Sie treiben entweder aus dem vorjährigen Holz oder aus den Wurzelstöcken.

Die ausgefallenste Wuchsform hat *Dahlia macdougallii*. Sie wächst im tropischen Regenwald epiphytisch, das heißt, sie sitzt auf den Bäumen des Regenwaldes auf. Ihre Stämme verholzen und haben einen Durchmesser von etwa 5 cm. Diese Pflanzen erreichen in den Bäumen eine Höhe von bis zu 10 m. An ihren Stämmen entwickeln sich Luftwurzeln, die eine Dicke von 5 cm und eine Länge von 22 m erreichen können. Diese Luftwurzeln wachsen auch wieder in den Boden ein, wenn sie diesen berühren. Die Blätter erinnern an die der Baumdahlien, von denen sie sich aber durch ihren Habitus deutlich unterscheiden.

Die Blüten der Wildart *Dahlia coccinea* variieren stark in Form und Farbe.

Auch in ihren Farben zeichnen sich die Wildarten durch eine große Vielfalt aus. Es kommen die Farben Gelb, Orange, Rot bis Purpur vor. Auch weiße oder lila Wildformen sind vorhanden, so die *Dahlia moorei*. Sogar zweifarbige Blüten sind bekannt, zum Beispiel rote mit gelben Spitzen. Besonders *Dahlia coccinea* fällt durch ihre Farben- und Formenvielfalt auf. Das Farbenspektrum reicht von Gelb bis Purpur. Die Höhe der Pflanzen variiert zwischen 45 cm und 3 m. Diese Art ist die wohl vielgestaltigste und am weitesten verbreitete Dahlie. Sie kommt fast überall in Mexiko vor, in Höhen zwischen 500 bis fast 4000 m; ferner in Guatemala und anderen Ländern Zentralamerikas sowie in den Gebirgsregionen von Peru.

Werden Wildarten im Garten aufgepflanzt, erfreuen sie den Gartenliebhaber durch ihre Vielfalt und ihre frühe Blüte. Es ist dann auch sehr leicht zu verstehen, daß so viele verschiedene Gartenformen entstehen konnten und immer noch gezüchtet werden. Wenn man Wildarten aus Samen erhalten will, so ist das allerdings nicht ganz einfach. Die Samen, die man von botanischen Gärten erhält, sind häufig nicht artenrein. Man erhält, wenn man sie aussät, häufig eine bunte Mischung vieler verschiedener Dahlien. Wenn der Samen jedoch rein ist, sieht man das schon recht früh an den Blüten. Man kann dann mit einem Bestimmungsschlüssel feststellen, um welche Art es sich handelt. Läßt sich der Sämling mit dem Schlüssel nicht eindeutig bestimmen, so ist anzunehmen, daß es sich um keine Wildart mehr handelt.

Als Stammform der heutigen Zuchtformen galt bisher unter anderem *Dahlia variabilis*. Diese war jedoch keine Wildart mehr, sondern aller Wahrscheinlichkeit nach bereits eine Hybride. Auch *Dahlia juarezii*, die als Stammform der Cactus- und Semi-Cactus-Dahlien gilt, ist keine Wildart, sondern eine Hybride. Als ursprünglich reine Stammwildarten sind dagegen *Dahlia coccinea* und *Dahlia pinnata* anzusehen. In unseren niedrigen Beet- und Gruppensorten dürfte auch Erbmaterial von *Dahlia scapigera* enthalten sein.

Für den heutigen Züchter eröffnet die Verwendung von Wildformen immer noch neue Möglichkeiten. Bei Rückkreuzungen mit diesen Dahlien können sehr interessante Sorten entstehen, da viele Wildformen sehr schönes, feines Laub haben. Es müssen ja nicht immer nur großblumige Sorten sein; auch Dahlien mit feinem Laub wären wünschenswert. So hat die Beschäftigung mit Wildformen für die weitere Züchtung viele interessante Aspekte.

Viele Dahlien zeigen auf der einheitlichen Grundfarbe einen leichten Farbhauch, wie z.B. die englische Liebhaberzüchtung 'Senzoe Hanna', eine Dekorative Dahlie.

Die Farben der Dahlie

Die verschiedenen Farben und Farbmuster bilden eines der interessantesten Kapitel im Bereich der Dahlien. In Katalogen und Büchern, insbesondere in älteren Exemplaren, finden wir oft merkwürdige, unbekannte Ausdrücke und teilweise abenteuerliche Wortkombinationen. Unter »hell-salmrot«, »kupferlachs« oder »leuchtend orange-scharlach« kann man sich noch etwas vorstellen. Auch Begriffe wie »amaranthrot«, »sepiagelb«, »spanischorange«, »terrakottagelb«, »chamoix«, »mauve« oder »vermillonrot« sind vielleicht noch verständlich. Aufgeben muß man dann aber bei

Liebhaber ausgefallener Sorten werden Gefallen an der Dekorativen Dahlie 'Ballego's Glory' finden.

Wortschöpfungen wie »hell-isabelle auf amaranthvioletter Rückseite« oder »leuchtend lachs, zimtfarben überhaucht mit bläulichem Schein«. Und wie mag erst die Dahlie »dunkel-cochenillencarmith« aussehen?

Man kann hier nur raten. Zu einer dieser Bezeichnungen, nämlich »isabellenfarben«, kann ich beitragen, daß dieser Farbton gelegentlich auch bei Pferden vorkommt und auf die spanische Königin Isabella von Kastilien zurückgehen soll. Zu Beginn der Belagerung von Granada (1490) soll sie geschworen haben, so lange nicht ihr – weißes – Hemd zu wechseln, bis diese letzte maurische Bastion auf spanischem Boden gefallen sei. Die Belagerung dauerte fast drei Jahre! Ich vermute allerdings, daß Königin Isabella den Schwur nicht vollständig am eigenen Leibe erfüllt, sondern eine ihrer Hofdamen mit dieser ehrenvollen Aufgabe betraut hat. Unter »isabellenfarben« dürfen wir ein gelblich eingefärbtes Hellgrau verstehen. Nach der Eroberung von Granada hatte das spanische Königshaus übrigens endlich Zeit, Columbus auf Fahrt zu schicken, der dann Amerika – und damit indirekt auch unsere Dahlie – entdeckte.

Nach heutigem Kenntnisstand (Bulletin der ADS, Juni 1989, Seite 17) werden bei der Dahlie alle Farben und Farbkombinationen durch vier Farbstoffe gebildet: Elfenbein, Gelb, Rot und Purpur. Es handelt sich um vier Farbpigmente, und zwar Flavone (elfenbein), Chalkone (gelb), Pelargonin (rot) und Cyanidin (purpur). Diese vier Pigmente kommen in verschiedenen Kombinationen in unterschiedlicher Intensität vor und sind für das unvergleichliche Farbenspiel der Dahlie verantwortlich. Es gibt gewisse Gesetzmäßigkeiten, nach denen diese Farbstoffe allein oder in Kombination miteinander vorkommen können. Es würde aber zu weit führen, alle Möglichkeiten aufzuzählen. Es genügt zu wissen, daß diese vier Pigmente ausreichen, um die scheinbar unendliche Farbenvielfalt der Dahlie hervorzurufen.

Es sind – bis auf das Blau – fast alle Farben und Farbschattierungen vorhanden. Vom klaren, sauberen Weiß über helle Pastelltöne, Rosa, Rot, Orange, Gelb, Bronze, vom hellen Flieder bis zum dunklen Lila – alles ist vertreten, was das Gärtnerherz begehrt. Die Vielfalt ist überwältigend. Auch alle Kombinationen in unterschiedlichen Mustern tauchen auf, wobei man sich über die optische Wirkung im Einzelfall je nach Geschmack streiten kann. So passen nicht alle Gelb- und Rosatöne zusammen.

Fehlen alle erwähnten Farbstoffe, entsteht das auch bei Dahlien häufig vorhandene und bei Gärtnern beliebte **Weiß**. Eine strahlend weiße, saubere Blüte hat eine besondere Ausstrahlung und wirkt sehr attraktiv. Weiße Dahliensorten haben allerdings zur Mitte hin oft noch einen leichten gelblichen Schimmer. Erwähnt seien die Sorten 'Peace Pact' (Aartsen), 'B.J. Beauty' (Clarke), die mit zu meinen Lieblingssorten zählt, 'Schneekönigin' (Pfitzer), 'Suffolk Spectacular' (Flood), 'Federwolke' (Pfitzer), 'Andenken an O. Bergerhoff' (Bergerhoff) und 'Hamari Bride' (Ensum), um nur einige aus dem breiten Angebot weißer Dahlien zu nennen.

Weiß ist – das wissen alle Kunstkenner – auch in der Malerei keine Farbe im eigentlichen Sinne, sondern das Gegenteil davon, nämlich das Fehlen jeglicher Farbe. In Aquarellen wird das Weiß nur durch Weglassen dargestellt, so daß das weiße Papier erscheint. Genauso muß man es sich bei den Blütenblättern vorstellen.

Sehr beliebt sind weiße Sorten mit einem Farbhauch oder mit Farbtupfern, beispielsweise die Traum-Sorte 'Eveline' (Geerlings), die im Zentrum zartlila überhaucht ist, oder die kleine Pompon-Dahlie 'Small World' (Williams, Australien), die an den Spitzen kleine unregelmäßige purpurne Ränder zeigt.

Auch Kombinationen von Weiß mit anderen Farben, insbesondere mit Rot, sehen sehr attraktiv aus. Sie wirken frisch und sauber und machen auf mich immer einen fröhlichen Eindruck. Dies gilt zum Beispiel für die Sorten 'Little Tiger' (= 'Rothesay Herald', Lister), 'Cheerio' (Australien 1963), 'Gute Laune' (Severin), 'Pfitzers Joker' (Pfitzer), 'Blithe Spirit' (Bruidegom 1962), 'Stadt Frankfurt' (Wagschal 1989), 'Sabine' (Bergerhoff) oder die bekannte 'Match' aus Südafrika.

Erwähnt werden muß in diesem Zusammenhang auch die berühmte 'Tartan' (Australien 1951, Abbildung Seite 2), eine großblumige Dekorative Dahlie,

Mit ihrem Farbübergang von Gelb nach Pink erscheint die Cactus-Dahlie 'Emmerdale' farblich sehr interessant.

Richtig schwarze Dahlien gibt es nicht, aber zu den ganz dunklen zählt die Dekorative Dahlie 'Arabian Night'.

dunkelviolett mit breiten weißen Streifen bzw. Spitzen und etwas eigenwilliger Form. Diese Sorte ist trotz ihres Alters beim Publikum sehr beliebt und Abonnements-Sieger bei vielen Ausstellungen. Sie bereitet im Anbau allerdings gewisse Probleme und kann deshalb für den Privatgärtner nur unter Vorbehalt empfohlen werden.

Die Farbe **Schwarz** kommt, wie bei anderen Blumen, auch bei der Dahlie nicht vor. Gelegentlich werden »schwarz-rote« Sorten angeboten, die sehr dunkel sind, aber die rote oder violette Farbe deutlich erkennen lassen. Genannt seien die alte 'Arabian Night' (Weijers 1951), 'Stadt Kassel' (Wagschal 1981), 'Roots' (Aartsen), 'Königin Fabiola' (Martin), 'Chat Noir' (Lammerse), 'Schwarze Barbara' (Schwieters) und besonders auch 'Via Mala' (Wagschal 1965).

Ebenfalls finden wir bei den Dahlien kein eigentliches **Braun**. Dahlien, die dieser Farbe nahekommen, zeigen ein bedecktes Rot bzw. Mahagoni, wie zum Beispiel die besonders interessante Sorte 'Ballego's Glory', eine große Dekorative Dahlie mit gelbem Rand vom Altmeister Ballego aus Holland (Abbildung Seite 23). Diese bereits 1932 registrierte Sorte erregte auch in Deutschland von Anfang an Aufsehen und ist heute noch im Handel erhältlich, obwohl sie im Anbau Schwierigkeiten macht. Für den Liebhaber ausgefallener Sorten ist sie unbedingt zu empfehlen! Ähnlich soll die heute nicht mehr vorhandene Dahlie 'Rapallo' (Severin 1924) gewesen sein, nämlich mahagonifarben mit Gelb. Gelegentlich finden wir auch dunkelgelbe oder bronzefarbene Blüten, die man als bräunlich einstufen kann, zum Beispiel 'Senzoe Honey' (Zobel und Scriven 1989) oder 'Préféré' (Truffant 1955).

Die im Jahre 1836 von einem der Pioniere der deutschen Dahlienzucht, Christian Deegen aus Köstritz, zu Ehren des schon erwähnten Alexander von Humboldt auf dessen Namen herausgebrachte Dahlie wird als »schwarzbraun« bezeichnet (Jahrbuch der DDFGG 1968, Seite 18). Diese Sorte existiert heute nicht mehr. Sie hat eine Nachfolgerin, die von Severin gezüchtete 'Alexander von Humboldt', die allerdings rosa ist.

Auf die obskuren Sorten 'Volkskanzler' (Ansorge 1935) und 'SA-Farben' (Friccius), die beide aus der Zeit vor 1945 stammen und nicht nur im Farb-

Die sogenannten Ausfaller zeigen Veränderungen in der Blütenform und Blütenfarbe. Hier ist die wenig bekannte Sorte 'Harlequin' betroffen.

ton »braun« waren, möchte ich hier nicht weiter eingehen. Die letztere Sorte wurde später »entnazifiziert« und soll unter dem Namen 'Süd-Afrika-Farben' noch weiter im Handel gewesen sein.

Eine Rarität, um nicht zu sagen Mißbildung, ist die *Dahlia viridiflora* oder die **Grüne Georgine**. Grün gefärbte Blüten kommen auch bei anderen Blumen, zum Beispiel den Rosen, vor. Bei den Dahlien wird diese Besonderheit, soweit mir bekannt, erstmals von dem berühmten Dahlienzüchter Johann Sieckmann, ebenfalls aus Köstritz, erwähnt (Schönborn 1939 und Jahrbuch der DDFGG 1968, Seite 21). Die Grüne Georgine fand offenbar eine gewisse Beachtung, ist heute aber aus dem Blickfeld verschwunden. Vielleicht taucht sie noch einmal bei einem Züchter auf irgendeinem Versuchsfeld wieder auf.

Der grüne Blütenkopf dieser Blumenrarität besteht übrigens nicht aus eigentlichen Blüten, sondern nur aus hochgewachsenen – grünen – Kelchblättern (Hoch- oder Spreublättern), die dicht beieinander stehen und dadurch den Eindruck eines geschlossenen Blütenstandes erwecken. Echte Blüten sind bei dieser Spielart nur noch sehr wenige vorhanden.

Nun noch ein Wort zu der bei Dahlien nicht vorkommenden Farbe **Blau** (Willmeroth 1969). Daß ausgerechnet diese Farbe, die von vielen als die schönste im Blumenreich angesehen wird, bei der farbenfreudigen Dahlie nicht existieren soll, wird von vielen nicht verstanden. Die Farbe des Himmels und des Meeres kommt aber bei der Dahlie tatsächlich nicht vor. Wer die unvergleichlich schönen Rittersporn-Hybriden *(Delphinium)* in allen ihren verschiedenen Blautönen kennt, wird dies bedauern.

Viele Züchter haben sich in der Vergangenheit bemüht, diese Farbe hervorzubringen. Immer wieder neue Kreuzungsversuche wurden unternommen; auch Experimente mit eisenhaltiger Erde, chemischer Behandlung des Samens, Zusätze zum Gießwasser und im Boden brachten keinen Erfolg (Jahrbuch der DDFGG 1968, Seite 20). Ein reines, unverfälschtes Blau konnte bisher nicht hervorgebracht werden. Um 1870 soll eine große englische Zeitung sogar einen Preis von immerhin 1000 englischen Pfund für eine echte blaue Dahlie ausgesetzt haben. Der Preis brauchte bis heute nicht ausgezahlt zu werden.

Wenn Ihnen trotzdem von einer »blauen« Dahlie berichtet wird, glauben Sie es nicht. Es handelt sich um kein echtes Blau, sondern ein dunkles oder blasses Lila. Die rötliche Komponente ist immer zu erkennen. Die Botaniker sind sich übrigens darüber einig, daß das Blau auch nicht in die Dahlie hineingezüchtet werden kann. Es handelt sich um eine Grundfarbe (Delphinidin), die im Genprogramm dieser Pflanze nicht vorgesehen ist. Die uns aus unserer Schulzeit noch bekannte »Blaue Blume« der Romantik kann deshalb keine Dahlie gewesen sein.

In diesem Zusammenhang müssen noch die sogenannten **Ausfaller** erwähnt werden. Das sind Blüten, die — insbesondere zum Ende der Saison — »umkippen«. An einem Busch mit an sich gefüllten Blüten erscheinen plötzlich ungefüllte Exemplare, oder bei sonst zweifarbigen Sorten tauchen einfarbige Vertreter auf. Dieses Zurückschlagen in die Muttersorten ist verhältnismäßig oft zu beobachten.

Sehr hübsch und apart können gelegentlich Blüten aussehen, die nur teilweise, also mit einzelnen Blütenblättern ausfallen. So erscheinen zum Beispiel bei gelb-rot gemusterten Blüten einzelne Blütenblätter vollständig in Rot (Abbildung). Diese Blüten wirken dann noch bunter als die Ursprungssorten. Es handelt sich dabei botanisch gesehen um Sektorial-Chimären.
Ausfaller sind jedoch nicht stabil und meistens ohne gärtnerischen Wert. Dahlien, die dazu neigen, sollten Sie aussortieren.

Duft

Die heutigen Dahlien haben keinen Duft. Viele Gartenliebhaber bedauern dies. Schuld daran sind die Züchter. Diese hatten — verständlicherweise — in erster Linie Form und Farbe der Blüten im Auge und achteten nicht auf den Duft.

Dabei gab und gibt es durchaus duftende Wildformen, die einen Geruch nach Honig verbreiten. Es soll sich dabei um eine *»Dahlia coronata«* handeln (wahrscheinlich eine *Dahlia coccinea*), die 1918 eingeführt wurde. Es hat auch Versuche gegeben, duftende Dahlien zu züchten. Der holländische Züchter Nagels aus Antwerpen soll 1948 eine solche Dahlie herausgebracht haben: 'Nagels odorant' (Willmeroth 1969). Der deutsche Züchter Adolf Deegen (Köstritz) berichtet 1935 im Jahrbuch der DDFGG (Seite 47) über Züchtungsversuche mit duftenden Wildformen. Der Dahlienfachmann Ulrich Herzog (Bad Bellingen) bemüht sich zur Zeit um eine Wiederentdeckung dieser Sorten.

In einem der wenigen deutschen Dahlienbücher, »Dahlien im Haus und im Garten«, von Jelitto und Pfitzer (1950) taucht der Hinweis auf (Seite 19), daß duftende Dahlien in nächster Zeit zu erwarten seien. Diese Prophezeiung ist aber bisher noch nicht in Erfüllung gegangen. Auf dem Markt gibt es keine entsprechenden Sorten.

Trösten wir uns derweil mit dem Ausspruch eines alten Dahlien-Experten aus dem Jahre 1843 (Jahrbuch der DDFGG 1973, Seite 48): »Die Georgine ist eine Blume, welche dem höchsten Sinn im System der Sinne und dem Organ dieses Sinnes, dem Auge, durch Kolorit und Form Befriedigung gewährt. Daß sie geruchlos ist, ist eine weise und wohltätige Einrichtung des Schöpfers. Man denke sich einen Georginenflor von 500 Stöcken und an jedem nur 20 gleichzeitig blühende Blumen; wer würde ohne Schwindel, Übelkeit und Kopfschmerzen diese Exhalationen aushalten können?«

Laubwerk

Das Laubwerk der Dahlie hat für den Gärtner meist nur eine untergeordnete Bedeutung. Die Blätter besitzen keinen besonderen Schmuckwert, obwohl sie sehr unterschiedlich ausgeformt sein können (Abbildung) und auch in der Einfärbung stark variieren. Wir finden alle Schattierungen vom hellen bis zum sehr dunklen, satten Grün. Besonders interessant sind »rotlaubige« Sorten, deren Blätter ein bräunliches, teilweise fast schwarzes wirkendes Rot zeigen.

Das Laubwerk der Dahlien ist je nach Sorte recht unterschiedlich ausgeformt.

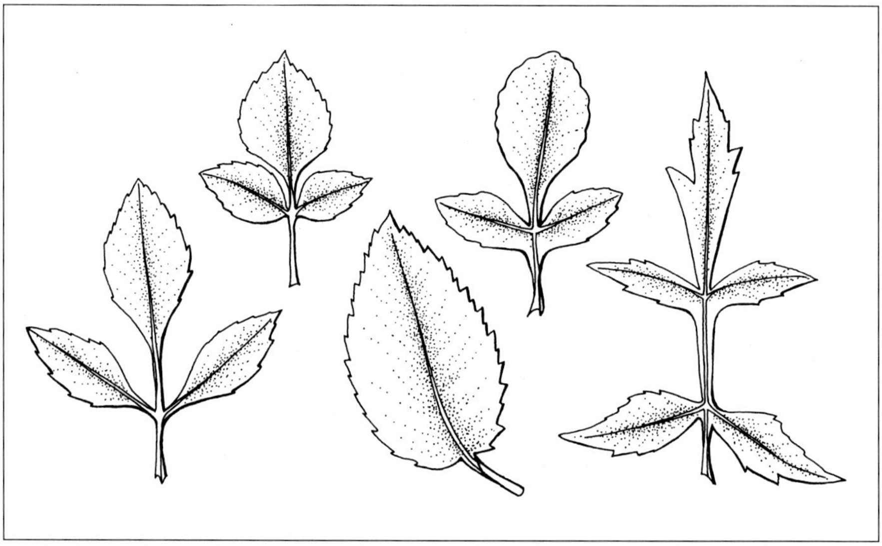

Diese Sorten sind erstaunlich zahlreich, zum Beispiel 'Bishop of Llandaff' (Treseder 1928), 'Fascination' (Elsdon), 'Preston Park' (England), 'Parkfeuer' (Bergerhoff) 'David Howard' (Howard 1960), 'Roxy' (Lorenzen).

Eine der ersten rotlaubigen Dahlien soll eine um die Jahrhundertwende entstandene Sorte mit dem passenden Namen 'Lucifer' gewesen sein (Schönborn Seite 22).

Ich persönlich ziehe grünlaubige Sorten vor. Wer jedoch Interesse an ausgefallenen Farbwirkungen hat, sollte die rotlaubigen Dahlien einmal ausprobieren. Es handelt sich überwiegend um niedrig bleibende Sorten, die man gut in eine Rabatte einbringen kann.

Die Klasseneinteilung der Dahlien

Wer sich schon länger mit Dahlien beschäftigt oder einmal Gelegenheit hatte, in einem größeren Dahliengarten oder auf einer Bundesgartenschau das fast unübersehbare Angebot der dort vorgestellten Dahlien zu betrachten, weiß, wie vielfältig und abwechslungsreich die Dahlie sein kann. Ständig kommen neue Sorten auf den Markt. Das schon vorhandene Sortiment an guten, alten und bewährten Sorten ist erdrückend groß und für den normalen Gartenfreund nicht mehr zu überblicken. Von selbst taucht die Frage auf, ob man dieses übergroße Angebot (es gibt weit über 20 000 Sorten) ordnen und in bestimmte Klassen aufteilen kann.

Ordnungskriterien

Man kann und muß das ungeheuer große Sortiment ordnen; das Problem ist nur wie. Solange es Dahlien gibt, ist die Frage einer Klasseneinteilung immer wieder diskutiert worden. Viele kluge Köpfe haben sich dieses Problems angenommen, leider stets mit unterschiedlichen Ergebnissen. Die Schwierigkeit besteht darin, daß es sich hier um keine botanische Einteilung in Gattung und Arten handelt. Wenn dem so wäre, bräuchten wir nur einen Botanikprofessor (die Botaniker mögen uns Dahlienfreunden das »nur« verzeihen) loszuschicken. Wir würden dann eine saubere, einwandfreie Aufteilung erhalten, gestreng den botanischen Regeln.

Aber darum geht es hier nicht. Bei den Dahlien, für die wir eine Klasseneinteilung benötigen, handelt es sich, wie wir bereits erörtert haben, nur um eine Art aus der Gattung *Dahlia*, nämlich um die heute im Garten verwandten, durchgezüchteten *Dahlia*-Hybriden (*D.* × *cultorum* und *D. variabilis* hort.), die botanisch nicht weiter unterteilt werden (siehe Seite 19ff.). Die zusätzliche Einordnung in bestimmte Klassen ist deshalb eine allein nach gärtnerischen und züchterischen Gesichtspunkten vorzunehmende Aufteilung. Sie ist, wenn Sie so wollen, willkürlich und wird unseren Dahlien, ohne botanische Notwendigkeit, übergestülpt. Ob man zum Beispiel die beliebten Seerosen-Dahlien zu den Dekorativen Dahlien zählen oder eine eigene Klasse für sie bilden soll, ist keine botanische, sondern allein eine gärtnerische Frage. Und ob eine kleine, runde Blume zu den Pompon- oder bereits zu den Ball-Dahlien gehört, kann ebenfalls nicht vom Botaniker beantwortet werden.

Man kann aus diesem Grunde auch nie sagen, daß eine bestimmte Regelung »falsch« sei. Sie ist allenfalls unpraktisch oder unlogisch. Jede Klasseneinteilung ist ebenso falsch wie richtig. Man kann sie nicht wissenschaftlich erarbeiten. Sie beruht immer auf der Übereinkunft und Überzeugung der jeweils tätigen Züchter und Dahlienfachleute.

Klasseneinteilungen sind deshalb auch einem steten Wandel unterworfen. Sie sind immer wieder abgeändert und neu formuliert worden. Wenn beispielsweise bestimmte Dahlientypen zu einer bestimmten Zeit weit verbreitet und gerade in Mode waren, tauchte stets die Frage nach einer eigenen Gruppenbezeichnung und nach der Bildung einer neuen Klasse auf. Es ergeben sich da-

Imposante, riesengroße Blumen bringt die Dekorative Dahlie 'Almand's Climax' hervor.

durch immer wieder neue Probleme. Soll man zum Beispiel für die sogenannten Hirschgeweih-Dahlien mit ihren gezackten Blütenblättern eine eigene Klasse schaffen? Kann man die in letzter Zeit immer beliebter werdenden ganz niedrigen Dahliensorten, die sich für die Rabatte, für Balkonkästen, Töpfe und Kübel eignen und die teilweise aus Samen herangezogen werden, irgendwie zusammenfassen und einen einheitlichen Gruppennamen für sie einführen? Solche Fragen müssen immer wieder erörtert und beantwortet werden.

Gelegentlich wird die ketzerische Frage gestellt, ob dies denn alles wirklich nötig und ob das ganze Bemühen um eine verbindliche Klasseneinteilung nicht reine Zeitverschwendung sei. Den normalen Kunden und Privatgärtner interessiere die schwierige und diffizile Einteilung doch gar nicht, und der Profi wisse sowieso, um welche Dahlie es sich gerade handele.

Dem muß ich jedoch energisch widersprechen. Auch im Reich der Blumen muß Ordnung herrschen. Es ist schließlich auch nicht egal, ob wir irgendeinen Obstbaum im Garten haben. Wir wollen wissen, ob es sich um einen Birnen- oder Apfelbaum und weiter um einen 'Glockenapfel' oder 'Finkenwerder Herbstprinz' handelt. Gerade dann, wenn sich wie bei den Dahlien ein solch riesiges Angebot verschiedenster Sorten auf dem Markt befindet, muß eine präzise Einteilung vorliegen.

Dies gilt natürlich in erster Linie für die Länder, in denen Wettbewerbe und Ausstellungen nach festen Regeln durchgeführt werden. Wer also in den USA oder in Großbritannien an einem der dort praktizierten Vasen-Wettbewerbe teilnehmen möchte, muß genau wissen, ob seine mitgebrachten Blumen Cactus- oder Semi-Cactus-Dahlien sind. Oder wer dort in einer Klasse für Ball-Dahlien ausstellt, muß sicher sein, daß seine angelieferten Exemplare auch wirklich zu dieser Klasse gehören. Sie dürfen sich später, wenn die Jury die Bewertung vornimmt, nicht als runde Dekorative herausstellen. Disqualifikation wäre die unvermeidliche Folge.

Aber auch in Ländern, in denen – wie bei uns in Deutschland oder in den Niederlanden – keine so strengen Wettbewerbsregeln gelten, muß Klarheit über die Zugehörigkeit der jeweiligen Sorten zu einer bestimmten Klasse bestehen. Es ist ein Unding, wenn auf einer großen Hallenschau dieselbe Sorte bei einem Aussteller als Dekorative und bei einem anderen als Seerosen-Dahlie erscheint. Das ist dem Publikum nicht zuzumuten und wirft ein schlechtes Bild auf die Verantwortlichen. Auch der Kunde, der im Frühjahr Dahlien einkauft oder nach Katalog eine Bestellung aufgibt, muß reell bedient werden. Wird eine Sorte als Cactus-Dahlie angeboten, muß es auch eine sein. Wie oft kommt es aber vor, daß man sie bei genauerem Hinsehen als Semi-Cactus oder gar als Dekorative, die etwas spitz zulaufende Blütenblätter besitzt, einordnen muß.

So etwas können wir nicht durchgehen lassen. Der Kunde und Käufer darf nicht den Eindruck gewinnen, als ob der Züchter und Händler diese Dinge nicht ernst nähme. Nicht nur bei der Qualität, auch bei der Sortenbezeichnung und der Klassifizierung muß alles stimmen.

Ebenso ist es erforderlich, daß die nationalen Gesellschaften und die großen

Links: Eine auffällige, besonders großblumige Semi-Cactus-Dahlie ist 'Sunora'.

Unten: Zu den Duplex-Dahlien rechnet man die weit verbreitete Sorte 'Fascination'. Sie besitzt eine offene Mitte und mehrere Reihen von Blütenblättern.

Dahliengärten in ihren Publikationen präzise Bezeichnungen verwenden. So ist zum Beispiel die Mainau-Königin des Jahres 1969, die wunderschöne 'Königliche Hochzeit' (= 'Royal Wedding', Bruidegom) keine Cactus- sondern eine Semi-Cactus-Dahlie (Jahrbuch der DDFGG 1969, Seite 53).

Auch die Mainau-Königin 1990, die niedrig bleibende, rosalila 'Fascination' (Elsdon, Abbildung), die häufig in öffentlichen Anlagen eingesetzt wird, ist ein gutes Beispiel für die allgemeine Unsicherheit in dieser Frage. Sie hat eine deutlich sichtbare Mitte, Scheibe genannt, mit einem Kranz von zwei, drei Reihen äußerer Randblüten. Ist sie nun wegen ihrer größeren Zahl von Blütenblättern eine Dekorative, oder muß man sie wegen der sichtbaren Mitte noch zu den einfach blühenden Dahlien zählen?

Beides ist falsch. Eine Dekorative kann sie, wie wir im einzelnen noch sehen werden, nicht sein, weil sie dafür zu wenige Blütenblätter hat. Die Blüte wird nicht ausgefüllt; die Scheibe bleibt voll sichtbar. Eine einfach blühende Dahlie kann sie aber auch nicht sein, weil sie dafür umgekehrt zu viele Blütenblätter hat. Unsere 'Fascination' ge-

hört vielmehr zur Gruppe der Diversen Dahlien (Klasse X). Man kann sie, wie die dunkellaubige 'Bishop of Llandaff' (Treseder 1928), zu den sogenannten Duplex-Dahlien rechnen. Diese besondere Blütenform ist keiner der allgemeinen Klassen (I bis IX) zuzuordnen und muß deshalb dem »Fundbüro« für nicht unterzubringende Dahlien, nämlich der Klasse X, zugeteilt werden.

Die Mainau-Verwaltung hat diese Dahlie im Wettbewerb und bei der Veröffentlichung der Wahlergebnisse dann auch als Duplex-Dahlie bezeichnet (Jahrbuch der DDFGG 1990).

Die deutsche Klasseneinteilung

Trotz dieser Schwierigkeiten haben sich im Laufe der Jahre gewisse Grundeinteilungen herausgebildet, die allgemein anerkannt sind und international Gültigkeit haben, auch wenn in den einzelnen Ländern zum Teil nicht unerhebliche Unterschiede vorhanden sind. Als Einteilungsprinzip hat sich dabei eine Aufteilung nach der **Form der Blüte** als praktikables Kriterium herausgestellt. Nur eine solche Unterscheidung ist geeignet, eine präzise und verständliche Klassifizierung herbeizuführen. Die in den nachfolgenden Kapiteln vorgestellte Aufteilung nach der jeweiligen Blütenform ist klar und übersichtlich und vor allen Dingen vollständig. Jede Dahlie läßt sich damit einordnen – natürlich vorausgesetzt, daß alle Beteiligten die Klassifizierung kennen und sich daran halten.

In einigen Ländern ist die dort gültige Klasseneinteilung verbindlich und wird – wegen des geltenden Wettbewerbsystems – von allen eingehalten. In Großbritannien gibt es sogar eine Sortenliste, die »Alphabetical List of Classified Cultivars«, verbunden mit den »Classification Groupings«. Alle dort aufgeführten Dahlien sind klassifiziert und zusätzlich auch noch in bestimmte Größenklassen aufgeteilt. Diese Aufgabe wird vom dortigen Verband wahrgenommen. Dieser – und nicht der Züchter – setzt fest, ob die jeweilige Dahlie eine Pompon- oder Ball-Dahlie ist.

In Deutschland ist die Klassifizierung nicht verbindlich. Wir können niemanden zwingen, sie einzuhalten. Wir können nur an sein Dahlien-Gewissen appellieren. Die Deutsche Dahlien-Gesellschaft, genauer die »Deutsche Dahlien-, Fuchsien- und Gladiolen-Gesellschaft« (DDFFG), hat 1989 in ihrem Jahrbuch (Seite 57) eine Klasseneinteilung vorgelegt, die sich den international üblichen Regeln anpaßt. Letztere sind am übersichtlichsten und überzeugendsten in den entsprechenden Richtlinien der »National Dahlia Society« in Großbritannien niedergelegt. Die deutsche Regelung entspricht im wesentlichen dieser Einteilung. Sie umfaßt zehn Klassen, deren offizielle Beschreibung wir hier wiedergeben.

Die Dahlienklassen

I. Einfach blühende Dahlien (Sin.)
Einfach blühende Dahlien haben Blüten mit einem einfachen Ring von Blütenblättern, welche einander überlappen können. Die Mitte bildet eine runde sichtbare flache Scheibe. Zu dieser Klasse gehören unter anderem die sogenannten Mignon- und Top-Mix-Dahlien.

II. Anemonenblütige Dahlien (Anem.)
Anemonenblütige Dahlien haben Blüten mit einem oder mehreren äußeren Ringen von meist flachen Blütenblättern, welche eine dichte Gruppe von röhrenförmigen Blütenblättern umrahmen. Diese sind länger als bei den einfach blühenden Dahlien und bilden deshalb keine flache Scheibe.

III. Halskrausen-Dahlien (Coll.)
Halskrausen-Dahlien haben Blüten mit einem äußeren Ring von meist flachen

Die zehn Klassen der Dahlien von I bis X.
I = Einfach blühende Dahlien,
II = Anemonenblütige Dahlien,
III = Halskrausen-Dahlien,
IV = Seerosen-Dahlien,
V = Dekorative Dahlien,
VI = Ball-Dahlien,
VII = Pompon-Dahlien,
VIII = Cactus-Dahlien (links: incurved, rechts: straight),
IX = Semi-Cactus-Dahlien,
X = Diverse Dahlien (links: Duplex-Dahlie, rechts Orchideen-Dahlie).

Blütenblättern, welche einander überlappen können, und mit einem inneren Ring von kleineren Blütenblättern von meist anderer Farbe (der Halskrause). Die Mitte bildet – wie bei den einfach blühenden Dahlien – eine flache Scheibe.

IV. Seerosen-Dahlien (Seer.)
Seerosen-Dahlien haben – wie die Dekorativen Dahlien – gefüllte Blüten, charakterisiert durch meist größere Blütenblätter, welche gerade oder um die Längsachse leicht nach innen oder außen gerollt sind. Sie geben der Blüte ein flaches Aussehen.

V. Dekorative Dahlien (D)
Dekorative Dahlien haben dicht gefüllte Blüten, die keine Scheibe zeigen. Die Blütenblätter sind breit, gelegentlich um die Längsachse leicht nach innen oder außen gerollt, meist aber flach oder leicht gedreht mit stumpfer abgerundeter Spitze.

VI. Ball-Dahlien (B)
Ball-Dahlien haben dicht gefüllte Blüten, welche ballförmig rund oder leicht abgeflacht sind. Die Blütenblätter sind an der Spitze stumpf oder abgerundet. Sie sind um die Längsachse über mehr als die Hälfte ihrer Länge eingerollt (spitztütenförmig).

VII. Pompon-Dahlien (P)
Pompon-Dahlien haben die gleichen Blüten wie Ball-Dahlien, sind aber noch stärker gerundet (kugelförmig) und von geringerer Größe. Die Blütenblätter sind um die Längsachse über die gesamte Länge eingerollt.

VIII. Cactus-Dahlien (C)
Cactus-Dahlien haben dicht gefüllte Blüten. Die Blütenblätter sind normalerweise zugespitzt und überwiegend schmal. Sie sind um die Längsachse über mehr als die Hälfte nach außen aufgerollt.

IX. Semi-Cactus-Dahlien (SC)
Semi-Cactus-Dahlien haben dicht gefüllte Blüten. Die Blütenblätter sind normalerweise zugespitzt. Sie sind überwiegend schmaler als bei den Dekorativen Dahlien, aber breiter als bei den Cactus-Dahlien. Sie sind um die Längsachse zur Hälfte oder weniger nach außen aufgerollt, an der Basis breit und in sich gerade oder gebogen.

X. Diverse Dahlien (Div.)
Hierzu zählen alle Dahlien, die nicht einer anderen Gruppe zugeordnet sind, zum Beispiel Orchideenblütige Dahlien, Duplex- oder Päonienblütige Dahlien, Giraffe-Dahlien, Seestern-Dahlien, Nelkenblütige Dahlien und andere. Die sogenannten Hirschgeweih-Dahlien bilden keine eigene Klasse. Sie gehören entweder zu den Dekorativen, Cactus- oder Semi-Cactus-Dahlien.

Die einzelnen Klassen

Die oben wiedergegebene offizielle Einteilung enthält nur den »Gesetzestext« der Dahlien-Klassifizierung. Dieser ist etwas farblos und in einigen Punkten auch nicht sofort verständlich. Ich möchte Ihnen deshalb auf den folgenden Seiten die einzelnen Klassen im Detail vorstellen und näher erläutern. Dies ist gleichzeitig auch eine gute Gelegenheit, Ihnen in Wort und Bild einen kleinen Überblick über das heute vorhandene Dahliensortiment zu geben. Sie sollten deshalb die folgenden Abschnitte nicht überschlagen.

Klasse I
Einfach blühende Dahlien (Sin.)

Zu dieser Klasse gehören die ungefüllten und überwiegend niedrigen Vertreter unserer Dahlie. Sie wurden früher auch oft Simplex-Dahlien genannt. Ein einfacher äußerer Ring von meist acht Blütenblättern, den Rand-, Strahlen- oder Zungenblüten, umrahmt die deutlich sichtbare Mitte, die runde Scheibe, die aus den Röhren- bzw. Scheibenblüten besteht. Die Zahl der äußeren Blütenblätter kann aber differieren; es kommen auch sechs, neun, zehn und mehr vor. Das ist je nach Sorte verschieden. Die Blütenblätter stehen akkurat um die Scheibe, wobei sie sich mehr oder weniger stark überlappen. Sind mehrere Blütenringe vorhanden, handelt es sich – auch bei voll sichtbarer Scheibe – nicht mehr um eine einfach blühende, sondern um eine Duplex-Dahlie der Klasse X.

Die Scheibe ergibt durch ihre gelbe Einfärbung (Blütenstaub) immer einen deutlichen Farbfleck, der insbesondere bei andersfarbigen Randblüten einen interessanten Farbkontrast bildet, zum Beispiel bei der häufig verwendeten roten 'Nelly Geerlings' (Geerlings) und der besonders hübschen, dunkellaubigen 'Roxy' (Lorenzen, Abbildung Seite 36). Eine der besten und zuverlässigsten Sorten ist die reingelbe 'Irene van der Zwet' (Bruidegom 1967, nebenstehende Abbildung).

Häufig wird die Bezeichnung »Mignon-Dahlien« verwandt. Dabei handelt es sich um die kleineren Mitglieder dieser Klasse, ohne daß die Grenze genau festgelegt wäre. Die kleinsten Mitglieder dieser Gruppe sind die sogenannten »Top-Mix-Dahlien«, die auf den holländischen Züchter Topsvoort zurückgehen. Sie gibt es in den verschiedensten Farben und Farbkombinationen.

Wir kennen aber nicht nur kleine Exemplare. Es gibt auch einfach blühende Dahlien mit ausgesprochen großen Blüten. Erwähnt sei das berühmte und oft ausgestellte Dreigestirn von Pfitzer: 'Feuerrad', 'Fellbacher Gold' und 'Schneekönigin', wobei insbesondere die kräftigrote 'Feuerrad' eine imposante Blütengröße erreichen kann.

Es gibt noch andere, höher wachsende Sorten. Der Züchter Prof. Michael Otto (Lüneburg) hat sich dieser Dahlien besonders angenommen, zum Beispiel erzielte er die hübsche rot-gelbe Sorte 'Sirius', die rote 'Augenstern' oder die lila-rosa 'Cynthia'.

'Irene van der Zwet' gilt als eine der besten einfach blühenden Dahlien.

Die Dahlien dieser Klasse sind sehr beliebt. Sie haben noch den natürlichen Charme ihrer Vorfahren, der Wildarten aus Mexiko, und sind deshalb nicht so »laut« und prächtig in der Farbe wie die durchgezüchteten Dekorativen und Cactus-Dahlien. Wer sich den Sinn für das Natürliche bewahrt hat, muß diese kleinen Vertreter der großen Dahlien-Familie in sein Herz schließen.

Andererseits ist diese Natürlichkeit zugleich auch ihr Nachteil. Die einfachen Dahlien neigen dazu, eher als andere Sorten ihre Blüte einzustellen und im Laubwerk zu vergilben. Sie sind offenbar dem natürlichen Jahresrhythmus noch mehr verbunden. Oft stehen sie schon im Herbstkleid da, wenn andere Dahlien noch gar nicht daran denken, von der Gartenbühne abzutreten. Aus

Die einfach blühende dunkellaubige 'Roxy' kommt in Rabatten ganz bezaubernd heraus.

diesem, aber auch nur aus diesem Grunde sind die einfachen Dahlien bei den Verantwortlichen vieler öffentlicher Gärten nicht sehr beliebt. Dem vorzeitigen Verblühen kann man nur durch besonders sorgfältiges Ausputzen etwas entgegenwirken.

Sozusagen als Ersatz bieten die einfach blühenden Dahlien gegenüber ihren gefüllten Cousinen aus den anderen Klassen eine besondere Attraktion. Durch ihre offene Mitte sind sie ein wahrer Tummelplatz für Schmetterlinge, Hummeln, Bienen und anderes Getier. Sie ziehen diese Besucher geradezu magisch an. Im letzten Sommer hatte ich ein ganzes Beet mit Mignon-Dahlien bepflanzt. Auch einige Halskrausen-Dahlien, die ebenfalls eine offene Mitte haben, waren dabei. Meine Frau konnte sich gar nicht satt sehen an den verschiedenen geflügelten Besuchern, die die Blumen bevölkerten und sich die Landeplätze auf den Blüten streitig machten.

Die Abkürzung »Sin.« stammt übrigens von der englischen Bezeichnung »single-flowered dahlias«.

Klasse II Anemonenblütige Dahlien

(Anem.)

Bei dieser Klasse können wir uns kurz fassen. Obwohl die anemonenblütigen Sorten schon sehr früh in der Dahliengeschichte auftauchen (um 1830), gibt es nicht sehr viele wirklich gute Sorten. Erwähnt seien die im Ausland sehr geschätzte rote 'Comet' (van Oosten 1952), die früher auch in Deutschland bekannt war, und ihr Abkömmling 'Scarlet Comet' (Piper 1967). Im Handel befinden sich noch 'Scarabella' und 'Honey' sowie die niedrige 'Purpinka'. Sehr hübsch ist auch die weiße 'Servina' (Abbildung) mit gelber Mitte. Ausgesprochen niedrig wachsende Sorten sind über niederländische Lieferanten zu beziehen, beispielsweise 'Toto', 'Brio', 'Diamant' oder 'Jazz'.

Den Namen verdankt diese Klasse ihrer – entfernten – Ähnlichkeit mit den Anemonen. Dieser Eindruck entsteht dadurch, daß die Scheiben- oder Röhrenblüten in der Mitte in die Höhe wachsen. Sie füllen damit optisch die Blüte aus und bilden keine flache Scheibe wie bei den Mignon- oder Halskrausen-Dahlien. Die äußeren Randblüten können in einer, oft aber auch in mehreren Reihen um die Mitte stehen. Wir haben also meistens mehr Randblüten als bei Klasse I.

Die Vertreter dieser Klasse sind gelegentlich etwas problematisch im Anbau. Man kann sich nicht immer auf sie verlassen. Probieren Sie deshalb diese Sorten im ersten Jahr in einer stillen Ecke Ihres Gartens aus.

Klasse III
Halskrausen-Dahlien (Coll.)

Die Dahlien dieser Klasse sind ein wirklicher Volltreffer. Es gibt keine Dahliensorten, die hübscher und aparter aussehen. Die ersten Exemplare sollen um die Jahrhundertwende in Frankreich geblüht haben, worauf der international gebräuchliche Name »Collerette« zurückzuführen ist, das französische Wort für Halskrause. Als Züchter wird ein Professor Gérard aus Lyon genannt.

Die Halskrausen-Dahlie ist von der Grundform her an sich eine einfach blühende Dahlie der Klasse I. Sie besitzt also eine sichtbare flache Scheibe in der Mitte, die von einem einfachen Ring von Randblüten umrahmt wird. Sie hat aber eine Besonderheit. In jedem Blütenblatt der äußeren Randblüten befinden sich zusätzliche, kleinere Blütenblätter (Petaloide), die aus umgebildeten Staubgefäßen entstanden sind. Sie bilden optisch einen zweiten inneren Ring, der, wenn man will, wie eine Halskrause aussieht. Hierdurch unterscheiden sich die »Collerettes« deutlich von den einfach blühenden Dahlien, besonders dann, wenn die Halskrause, was überwiegend der Fall ist, eine andere Farbe hat als der äußere Blütenring. Meistens ist die Halskrause heller, zum Beispiel weiß oder gelb.

Die Halskrause ist kein eigener, selbständiger Blütenring, auch wenn sie einen anderen Farbton hat. Wenn Sie eines der äußeren Blütenblätter abziehen, zupfen Sie immer auch einen entsprechenden Teil der Halskrause mit aus. Bei weiterer Betrachtung können Sie dann feststellen, daß dieser häufig aus mehreren kleinen Blättchen besteht, wodurch der oft gezackte und unregelmäßige Eindruck der Halskrause hervorgerufen wird.

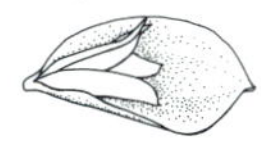

Als eine der wenigen guten Anemonenblütigen Dahlien gilt 'Servina'.

In der seltenen Farbkombination Gelb-Gelb tritt die Halskrausen-Dahlie 'Clair de Lune' auf.

Bei diesen Dahlien gibt es sehr niedrige Sorten, wie etwa die altbewährte 'Alstergruß' (Wagschal), aber auch höhere Exemplare (bis etwa 1 m), so die wohl bekannteste Sorte 'La Cierva', eine purpur-weiße Schönheit von Pfarrer Entrup (1939). Beliebt ist weiter die erfolgreiche gelb-rote 'Grand Duc' (Geerlings). Sehr bewährt hat sich in meinem Garten 'Don Lorenzo' (Chrestensen, Abbildung Seite 56), die ich gar nicht genug loben kann. Diese rotgelbe Sorte – zu beziehen über die Firma Pfitzer – kann zwar in günstigen Lagen recht hoch werden (in meinem Garten bis zu 1,50 m), ist aber sehr wüchsig und zuverlässig. Die Blüten stehen auf straffen Stielen und haben interessanterweise zwölf und mehr äußere Randblüten.

Die qualitativ beste, wenn auch nicht unbedingt die hübscheste Halskrausen-Dahlie ist für mich die alte holländische Sorte 'Clair de Lune' (Maarse 1946, Abbildung), deren Name sicher als Referenz an ihren französischen Ursprung gedacht ist. Diese Sorte – Gelb in Gelb! – besticht durch äußerste Akkuratesse ihrer mittelgroßen Blüten. Es gibt keine andere Dahlie, die derart ebenmäßige, wie mit dem Computer gezeichnete Blüten produziert.

Leider haben die Vertreter dieser Klasse den Nachteil, daß die Blüten manchmal unregelmäßig wachsen. Insbesondere die Halskrause bildet sich gelegentlich nur unvollkommen und lückenhaft aus. Als geduldiger Gärtner sollte man sich davon aber nicht abhalten lassen und diese Sorten nicht aus seinem Garten verbannen. Wenn die Halskrausen-Dahlien richtig kommen – und meistens tun sie es ja auch –, sind sie ein echter Blickfang und bereichern jeden Garten.

Klasse IV Seerosen-Dahlien (Seer.)

Bei den Seerosen-Dahlien – nicht zu verwechseln mit den päonienblütigen oder Duplex-Dahlien aus Klasse X – handelt es sich um eine verhältnismäßig junge Klasse. Die Blütenform als solche ist schon älter; man zählte diese Dahlien aber früher zu den Dekorativen. Wegen ihrer typischen Form, die viele Betrachter an eine Seerose erinnert, und wegen ihrer ständig steigenden Beliebtheit mußte schließlich aber doch eine eigene Klasse für sie geschaffen werden.

Die Seerosen-Dahlien sind flacher als die Dekorativen und haben ein etwas schalenförmiges Aussehen. Die Zahl der Blütenblätter ist geringer. Die Blüte wirkt dadurch meistens etwas straffer und korrekter im Aufbau. Man erkennt – im Gegensatz zu den oft prall gefüllten Dekorativen – die einzelnen Blütenblätter genauer. Diese wirken dadurch häufig größer und breiter, ohne es unbedingt zu sein. Die Blütenblätter sind flach, manchmal etwas schalenförmig, aber nicht eingerollt.

Die Wuchshöhe ist – trotz des Namens – nicht niedrig. Es gibt Sorten, die sich im unteren Bereich mit rund 60 bis 80 cm Höhe bewegen, zum Beispiel die weiße 'Bianca' (Gebrüder Verwer), aber es finden sich auch andere, die durchaus 1,50 m Höhe und mehr erreichen können. Der größte Teil dürfte bei etwa 1,00 bis 1,20 m Höhe liegen.

Trotz ihres exakten Blütenaufbaus zählen die Seerosen-Dahlien zu den Romantikern unter den Dahlien. Es gibt gerade bei den »Seerosen« traumhaft schöne Sorten, die nicht so prächtig und imposant sind, sondern ausgesprochen idyllisch und romantisch wirken. Bewährte Sorten wie 'Morning Dew' (Gebrüder Verwer), die für das Titelbild Modell gestanden hat, 'Patty' (Geerlings, Abbildung) und 'Little Dream' (Geerlings, Abbildung) gehören dazu. Auch die lila-weiße 'Sabine' (Bergerhoff), die lila-rosa 'Pearl of Heemstede' (Geerlings) und die besonders schöne gelbe 'Hans

Recht niedrig bleibt die beliebte Seerosen-Dahlie 'Little Dream'.

Zu den Klassikern unter den Seerosen-Dahlien rechnet man 'Patty'.

Ricken' (Geerlings) müssen hier erwähnt werden. Eine der hübschesten Seerosen ist für mich die aparte 'Le Castel' (Frankreich) – ein reinweißer, kleinblumiger Blickfang.

Zu den Veteranen dieser Klasse gehören die rosa 'Gerrie Hoek' (Hoek 1946) und die gelbe 'Glory van Heemstede' (Geerlings 1947). Letztere Sorte wird von ihrem Züchter, Cor Geerlings aus den Niederlanden, der zu den erfolgreichsten seiner Zunft gehört, als seine erste und zugleich erfolgreichste Sorte bezeichnet. Mit diesem Sämling gelang ihm 1947 der große Durchbruch.

Genannt werden muß hier auch noch die bekannte rosa-gelbe 'Twiggy' (Clark 1956), benannt nach dem für seine Schlankheit berühmten Londoner Fotomodell. Diesen Namen können wir deshalb gut als Eselsbrücke für die Klasseneinteilung benutzen: Seerosen waren die etwas flacheren Dahlien.

Die Abgrenzung zu den Dekorativen ist manchmal schwierig, weil beide Klassen ja an sich dem gleichen Blütentyp angehören. Dekorative Dahlien sind aber stärker gefüllt. Die Blütenblätter wachsen auch weiter nach unten und können bei einzelnen Sorten den Stiel erreichen. Die Blumen erhalten dadurch eine größere Höhe bzw. Tiefe.

Dies war auch mit einer der Gründe für die Herausnahme der Seerosen-Dahlien aus den Dekorativen und für die Bildung einer eigenen Klasse. Da bei Wettbewerben auch die »Tiefe« der Blüte eine wichtige Rolle spielt, waren die Seerosen-Dahlien immer im Nachteil. Jetzt sind sie unter sich – ohne die »dikke« Konkurrenz der Dekorativen.

Wie »tief« bzw. wie »flach« muß nun eine Dahlie sein, um zu den Dekorativen oder den Seerosen zu zählen? Das kann man nicht in Zentimetern festlegen, obwohl in Großbritannien ein Grenzwert von mindestens zwei Dritteln des Blütendurchmessers angesetzt wird. Es kommt auch auf den Gesamteindruck an. So stellt beispielsweise die weiße Traumsorte 'Peace Pact' (Aartsen) einen Grenzfall dar. Sie ist in den angelsächsischen Ländern noch als Seerosen-Dahlie registriert. Für mein Empfinden könnte man sie aber wegen ihrer Fülle bereits zu den Dekorativen rechnen. Die hübsche rosa, nur etwa 80 cm hohe 'Christine' (Bergerhoff), die in keinem Garten fehlen sollte, muß man dagegen wohl noch zu den Seerosen zählen.

Die Dekorative Dahlie 'Senzoe Julie' stammt aus England. Sie überrascht mit einer seltenen Farbkombination.

Klasse V
Dekorative Dahlien (D)

Die Dekorativen Dahlien sind Ihnen allen bekannt. Sie bilden neben den Cactus- und Semi-Cactus-Sorten das größte Kontingent innerhalb der Dahlien-Sippe. Das noch oft gehörte Wort »Schmuck-Dahlie« ist dabei nur die alte deutsche Bezeichnung für diesen Dahlientyp. Der Begriff »Dekorative«, der inhaltlich das gleiche bedeutet, hat sich allgemein durchgesetzt und ist auch international gebräuchlich.

Die Dahlien dieser Klasse sind dicht gefüllt mit vielen Blütenblättern. Wir sehen bei ihnen keine Scheibe. Die meisten der Röhrenblüten, die bei anderen Sorten die flache Scheibe bilden, haben sich hier in Strahlblüten umgewandelt. Dies gilt entsprechend auch für die anderen gefüllten Dahlienklassen.

Häufig haben die Dekorativen allerdings eine Öffnung, ein »Auge«, durch das man die Mitte der Dahlie erkennen kann. Grund hierfür ist, daß die Blütenblätter die Dahlie nach oben hin nicht vollständig ausfüllen. Dies wird allgemein als Schönheitsfehler angesehen, Dahlienrichter quittieren es mit Punktabzug. Letzten Endes ist es aber Geschmacksache. Auch bei anderen gefüllten Sorten können solche »Augen« auftreten.

Die Blütenblätter der Dekorativen Dahlien sind flach und nicht aufgerollt. Sie können aber leicht nach oben oder nach hinten gewölbt sein. Die Enden sind meist stumpf und abgerundet, laufen gelegentlich auch etwas spitz zu. Die Dekorativen führen »Blut« der *Dahlia juarezii.*

Die Blumen dieser Klasse geben uns das, was wir bei der Dahlie suchen: Üppigkeit und Fülle, Farbenpracht und einen nie enden wollenden Blütenflor. Ein ganzes Beet, bepflanzt mit großblumigen, farbenprächtigen Dekorativ-Dahlien, ist eine einzige Augenweide.

Die Auswahl in dieser Klasse ist immens. Welche Namen soll man nennen? In Deutschland sind Sorten en masse vorhanden, im Ausland kommen ebensolche Mengen hinzu. Es gibt ausgesprochen niedrige Sorten wie die rosa 'Berliner Kleene' (Severin), die immer so aussieht, als ob sie von Viren befallen wäre; trotzdem zählt sie zu den beliebtesten Sorten. Zu den ganz kleinen Dekorativen gehört auch die lila-gelbe 'Fairy Dwarf' (Bruidegom), eine reichblühende und empfehlenswerte Sorte.

Nur etwas größer wird die dunkellaubige, rote 'Parkfeuer' (Bergerhoff), die zuverlässig und sauber bis zum Herbst durchblüht. Etwa 60 cm groß wird die dunkelgelbe 'Préféré' (Truffant 1955), die man allerdings auch zu den Seerosen-Dahlien zählen könnte. Sie eignet sich hervorragend zur Randbepflanzung. Ebenfalls nicht zu hoch (rund

'B.J. Beauty' gehört zur Elite der weißen, großblumigen Dekorativen Dahlien.

100 cm) werden die Sorten 'Blühendes Barock' (Schwieters) und 'Stefan Bergerhoff' (Bergerhoff). Etwas größer im Wuchs sind 'Deimos' (Wagschal), 'Coriolan' (Pfitzer) und 'Suffolk Punch' (Flood, Abbildung Seite 74).

Zu den runden Dekorativen, die deswegen häufig zu Unrecht als Ball-Dahlien bezeichnet werden (siehe Seite 44), gehören beispielsweise 'Eveline' (Geerlings, Abbildung Seite 58), eine absolute Spitzensorte, weiß mit einem zarten lila Touch; ferner die mittelgroße Supersorte 'Lady Linda' (Lewis), in sauberem Gelb mit akkuratem Blütenaufbau, 'Senzoe Hanna' (Zobel und Scriven 1987, Abbildung Seite 22), hellgelb, rosa überhaucht, oder 'Senzoe Julie' (Zobel und Scriven 1988, Abbildung Seite 40), orange-gelb mit violettem Schimmer.

Bei den Dekorativen haben wir viele ausgesprochen riesenblumige Vertreter, wie 'Otto's Thrill' (USA), 'Alva's Supreme' (Frost), 'Almand's Climax' (Almand, Abbildung Seite 30) und viele andere. Ein Weltstar ist die goldgelbe 'Hamari Gold' (Ensum). Diese Sorte ist etwas virusanfällig, aber sehr wüchsig und zuverlässig. Die ganze Pflanze wird nicht zu groß, so daß die Dahlie insgesamt jedem zu empfehlen ist. Mit 'Hamari Gold' haben schon viele Dahlienfreunde Preise gewonnen.

Eine perfekte weiße Ball-Dahlie: 'L' Ancresse'.

Klasse VI Ball-Dahlien (B)

Den Ball-Dahlien müssen wir mit besonderem Respekt begegnen. Sie gehören zum Uradel innerhalb der Dahlien-Gesellschaft. Sie stammen, wie auch teilweise die einfach blühenden Dahlien, direkt von den ersten Importen aus Mexiko ab, die Ende des 18. und zu Beginn des 19. Jahrhunderts nach Europa kamen. Wir hatten bereits gesehen, daß in Deutschland schon nach wenigen Jahren erste gefüllte Formen entstanden. Dies sind die direkten Vorfahren unserer heutigen Ball-Dahlien.

Die Sorten dieses Typs dominierten im vorigen Jahrhundert die Dahlienszene. Es gab Unmengen runder, gefüllter Sorten. Erst das Erscheinen der *Dahlia juarezii* ermöglichte die Züchtung neuer Klassen. Bis heute ist die Zahl der verfügbaren Sorten leider stark zurückgegangen. Das liegt zum einen daran, daß die Cactus-, Semi-Cactus- und Dekorativen Dahlien sich ihren immensen Marktanteil erobert haben; der weitere Grund ist aber auch darin zu suchen, daß wir viele der einst als Ball-Dahlien bezeichneten Sorten nach der vorliegenden Klassifizierung zu den Dekorativen Dahlien zählen müssen, weil ihr Blütenaufbau nicht exakt und geschlossen genug ist.

Ball-Dahlien haben eine runde Form, die aber, anders als bei den Pompon-Dahlien, nicht perfekt zu sein braucht. Eine gewisse Abplattung — ähnlich wie bei einem Berliner oder Schmalzkuchen — ist erlaubt. Wichtig ist, daß die Blüte rundherum geschlossen ist. Hierzu müssen die äußeren Blütenblätter nach hinten bis an den Stiel reichen.

Unbedingte Voraussetzung ist weiter — und das wird meistens übersehen —, daß die einzelnen Blütenblätter zu mehr als der Hälfte eingerollt sein müssen, und zwar um die Längsachse. Sind sie weniger aufgerollt, haben wir es mit einer Dekorativen Dahlie zu tun. Hierauf komme ich gleich noch zurück.

Die Blüten der Ball-Dahlien sind häufig einfarbig. Ihre Größe bzw. der Durchmesser ist beschränkt. Der Umfang eines Tennisballs oder einer Apfelsine wird meistens eingehalten. Größere Blüten können die Erfordernisse hinsichtlich des Aufbaus nicht mehr erfüllen. Auch die Größe der gesamten Pflanze hält sich in Grenzen. Eine Höhe von rund 1,00 bis 1,20 m wird meistens nicht überschritten.

Eine der besten Ball-Dahlien ist für mich die reinweiße 'L' Ancresse', (Flint, Abbildung), eine wirklich empfehlenswerte Sorte – zu beziehen unter anderem über die Firma Bergerhoff. Sehr gut sind weiter 'Downham Royal' (Sharpe) mit straffen, dunkellila Blüten, die dunkelrosa 'Wootton Cupid' (Jones), die gelbe 'Brookfield Dierdre' (Rowlands) und die lila 'Charles Dickens' (Maarse). Sehr schön sieht auch die neu eingeführte, kräftigrote 'Laura Marie' (Lewis, Abbildung) aus.

Ein gewisses Problem bedeutet, wie ich schon angedeutet habe, die Abgrenzung zu den Dekorativen Dahlien. Ball-Dahlien sind, wie der Name sagt, rund. Trotzdem sind umgekehrt nicht alle runden Sorten Ball-Dahlien. Dekorative Dahlien haben überwiegend flache, nicht eingerollte Blütenblätter. Nur am Ansatz, dort wo die Blätter aus dem Blütenboden kommen, sind sie etwas aufgerollt. Anders die Ball-Dahlien. Ihre Blütenblätter müssen um mehr als die Hälfte eingerollt sein. Man kann sie vielleicht mit Spitztüten vergleichen. Sie haben den gleichen Aufbau wie die Pompon-Dahlien, die nur kleiner sind und deren Blütenblätter vollständig bis zum Ende aufgerollt sein müssen.

Es genügt also nicht, daß die Blüte eine vom Gesamteindruck her runde Form hat. Sie mag noch so rund und ebenmäßig sein: sind die Blütenblätter nicht genügend eingerollt, und zwar um mehr als die Hälfte, haben wir es mit einer Dekorativen Dahlie zu tun und nicht mit einer Pompon- oder Ball-Dahlie.

Diese Regelung wirkt auf den ersten Blick vielleicht etwas übertrieben, hat aber ihren guten Sinn. Nur eingerollte Blütenblätter geben den Ball- und Pompon-Dahlien die typischen geschlossenen und kompakten Blüten, die wir bei diesen Sorten erwarten. Die offenen Blütenblätter der Dekorativen verleihen den Blüten bei genauerem Hinsehen eine lockere und nicht so kompakte Wirkung, auch wenn sie – im Ganzen gesehen – rund sein mögen. Wer sich einmal eine echte Ball- oder Pompon-Dahlie hierauf genau angesehen und sich den Aufbau der Blüten vor Augen geführt hat, wird den Unterschied schnell begreifen. Eine bis oben hin eingerollte, aufgefältelte Ball-Dahlie hat ihren eigenen Charakter, ihren eigenen Charme. Sie ist noch die gute alte Georgine, die unsere Urgroßmütter kannten und liebten.

Die Blumen der Ball-Dahlie 'Laura Marie' erscheinen sehr ebenmäßig in der Form und strahlen in kräftigem Rot.

Ein Blütenblatt aus der Mitte der Blume kann Aufschluß über die Klassenzugehörigkeit geben.

Wer mir bis hierhin gefolgt ist, wird einwenden, daß die Blütenblätter auf ein- und derselben Blüte immer unterschiedlich lang eingerollt sind. Das ist richtig. Im Zentrum sind sie noch alle klein und bis obenhin geschlossen; mit weiterem Wachstum öffnen sie sich zunehmend, bis dann schließlich die untersten Blütenblätter häufig überhaupt nicht mehr aufgerollt sind. Aus diesem Grunde muß man in Zweifelsfällen aus der Mitte der Blüte ein einzelnes Blatt herauszupfen und in Augenschein nehmen (Abbildung). Wenn es um mehr als die Hälfte aufgerollt ist, haben wir es mit einer Ball-Dahlie zu tun. Alle anderen Sorten sind Dekorative.

Trotzdem kann man natürlich bei der einen oder anderen Dahlie verschiedener Meinung sein. Auf den Millimeter genau kann und soll man auch nicht alles prüfen. Die Zuordnung bleibt oft Ermessenssache. Man muß im Einzelfall fehlende Millimeter durch den Gesamteindruck der Blüte ergänzen. Im Ausland beschäftigen sich teilweise ganze Kommissionen mit dieser Frage und ordnen die zu prüfende Dahlie – oft gegen den Willen des Züchters – der einen oder anderen Klasse zu.

Zur Verdeutlichung seien einige bekannte Sorten als Beispiele aufgeführt, die, obwohl in Katalogen so benannt, aus den zuvor erwähnten Gründen nicht zu den Ball-, sondern zu den Dekorativen Dahlien gezählt werden müssen: 'Eveline' (Abbildung Seite 58),

'Davenport Anita' zählt wie viele andere Dahlien trotz ihrer runden Form nicht zu den Ball-, sondern zu den Dekorativen Dahlien.

'Klein Gerhard', 'David Howard', 'Schwieters Kokarde', 'Lady Linda', 'Betty Bowen' (Abbildung Seite 13), 'Edinburgh' (Abbildung Seite 16), 'Margaret Ann', 'Roquencourt', 'Elisabeth Göring', 'Safe Shot', 'Abridge Taffy', 'Davenport Anita' (Abbildung) und viele andere.

Die hervorragende orangefarbene 'Maren' von dem erst 1989 verstorbenen Züchter Alfred Lorenzen aus Wentorf bei Hamburg, ist ebenfalls eigentlich eine Dekorative. Wegen des geschlossenen Gesamteindrucks können wir sie aber vielleicht noch als Ball-Dahlie durchgehen lassen. Das gleiche gilt für die berühmte 'Kaiser Wilhelm' (Deegen 1881!), die wohl älteste noch im Handel befindliche Sorte (Abbildung). Sie ist im internationalen Register in London als Dekorative registriert. Es fehlen ihr einige Millimeter zur Ball-Dahlie. Ich hätte aber keine Bedenken, sie wegen ihres kompakten Blütenaufbaus doch noch zu den Ball-Dahlien zu zählen. Auch aus Traditionsgründen wollen wir ihr diesen Titel belassen. Derart altehrwürdige Majestäten sollte man nicht mehr unnötigerweise umsetzen.

Der deutsche Züchter Deegen brachte 1881 seine 'Kaiser Wilhelm' heraus. Es handelt sich um die älteste noch im Handel befindliche Sorte.

Klasse VII Pompon-Dahlien (P)

Wer kennt sie nicht, die kleinen runden Pompons, die mit ihren Kugelblüten viele lustige Farbtupfer in den Garten setzen. Und niemand kann sich ihrem Charme entziehen. Auf die Pompon-Dahlien können wir außerdem auch noch besonders stolz sein. Nach Meinung der Experten stammen sie nämlich aus Deutschland; jedenfalls sollen die ersten Exempare hierzulande gezüchtet worden sein (siehe Seite 17). Ihren lustigen Namen haben sie dann in Frankreich erhalten. »Pompons« sind die kleinen Wollkugeln an den Mützen der Schiffer und Seeleute, die »Bommeln« oder »Troddeln«. In Deutschland wurden die Sorten ursprünglich »Liliput-Dahlien« genannt. Auch die Bezeichnungen »Knopf-« und »Ranunkel-Dahlien« tauchten auf. Der Name »Pompon« hat sich aber seit langem national und international durchgesetzt.

Die Pompon-Dahlien sind verkleinerte Ball-Dahlien. Sie haben also den gleichen Blütenaufbau. Die Blütenblätter sind nach innen aufgerollt, stehen dicht und sauber aneinander und verleihen der Blüte eine geschlossene, kugelrunde Form. Sie müssen, wie bei den Ball-Dahlien, bis nach hinten herum an den Stiel reichen. Pompon-Dahlien dürfen in der Blüte nicht zu groß werden. Im Idealfall haben sie etwa die Größe eines Tischtennis-Balls.

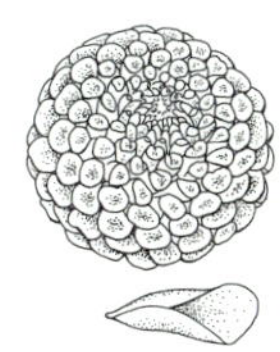

Während es bei den Ball-Dahlien aber noch genügt, daß die Blütenblätter um mehr als die Hälfte eingerollt sind, müssen sie bei den Pompons vollständig, so weit es geht, aufgerollt sein. Sie bilden kleine Röhren, in die man hineinsehen kann.

Die Pompon-Blüten sollten gerade und nicht abgewinkelt auf dem Stiel stehen. Die Briten nennen sie deshalb auch »drumsticks« (Trommelstöcke). Viele Pompons genügen dieser Anforderung allerdings nicht.

Pompon-Dahlien sind sympathische und liebenswerte Blumen. Lassen Sie sich aber von ihnen nicht täuschen. Sie haben zwar die kleinsten Blüten, sind aber insgesamt keine Zwerge. Es gibt ausgewachsene Exemplare von 1,50 m Höhe und mehr, die stark und buschig dastehen und stramm aufgebunden werden müssen. Die Höhe der meisten Pompons bewegt sich aber, je nach Standort, zwischen 50 und 120 cm.

Pompon-Dahlien sind robust und wüchsig und wenig krankheitsanfällig. Sie gehören zu den besonders fleißigen Blühern, die uns im Laufe des Jahres viele Blumen bescheren. Diese sehen in der Vase besonders hübsch aus. Auf Ausstellungen sind sie immer die Lieblinge des Publikums. Wegen ihrer straffen und geschlossenen Form eignen sie sich gut als Schnittblumen und halten oft ein oder zwei Tage länger als die großblumigen Vertreter der anderen Klassen.

'Little Robert' ist eine beliebte Sorte, aber trotz ihres geringen Blütendurchmessers gilt sie nicht als Pompon-, sondern als Dekorative Dahlie.

Leider gibt es auch hier einige Abgrenzungsprobleme:

1. Pompons sind klein und rund, aber nicht alle kleinen, runden Dahlien sind Pompons. Wir haben – wie bei den Ball-Dahlien – häufig heimliche Einwanderer aus anderen Klassen, die aus Unkenntnis oder Gleichgültigkeit als Pompons bezeichnet werden. Erforderlich ist, wie schon dargelegt, außer der runden Gesamtform, daß die einzelnen Blütenblätter bis obenhin aufgerollt sind. Nur solche Blütenblätter vermitteln den geschlossenen, straffen »Pompon-Look«. Sind die Blütenblätter weniger stark aufgerollt, haben wir es – ungeachtet der Größe – mit kleinen Ball- oder sogar nur mit kleinen Dekorativen Dahlien zu tun.

Ein Musterbeispiel hierfür ist die hervorragende und oft gezeigte Sorte 'Little Robert' (Lammerse), die mit ihren dunkelpurpur umrandeten Blüten jeden Betrachter entzückt. Sie wird immer als Pompon-Dahlie vorgestellt, ist aber wegen ihrer offenen Blütenblätter nicht einmal eine Ball-, sondern eine eindeutige Dekorative Dahlie. Wenn Sie sich den Blütenaufbau dieser Sorte im einzelnen betrachten, sehen Sie es sofort (Abbildung).

Ein weiteres, wenn auch nicht so krasses Beispiel ist die berühmte rote 'Magnificat' (Bakker 1955), die ebenfalls jedem Dahlien-Spezialisten bekannt ist. Diese weit verbreitete und beliebte Sorte ist streng genommen eine Dekorative Dahlie, obwohl sie unwidersprochen überall als Pompon-Dahlie ausgestellt wird. Beide erwähnten Sorten sind im internationalen Register in London deshalb auch ganz konsequent als sogenannte »Min Dec«, als kleine Dekorative, eingetragen.

2. Das zweite Problem bei der Abgrenzung ist die Größe bzw. der Blütendurchmesser. Um die typische, kom-

pakte Pompon-Form zu gewährleisten, beschränken viele Länder (USA, Frankreich, Großbritannien und andere) die Größe auf 2 Inches, das sind 52 mm. Alle Dahlien, die größer sind, werden zu den Ball-Dahlien gezählt, auch wenn sie bis obenhin aufgerollte Blütenblätter haben und damit – vom Aufbau her – an sich eindeutige »Pompons« sind.

Die meisten der bei uns bekannten Sorten sind, wenn man diesen strengen Maßstab anlegt, zu groß. Die Angelsachsen sprechen etwas herablassend von »Dutch Pompons«. Klein genug sind nur wenige, etwa die hellrote, überreich blühende 'Hildepuppe' (Friccius 1929, Abbildung), die leider etwas schwache Stiele aufweist. Der Züchter hat uns übrigens noch ein kleines Gedicht hinterlassen, das mir Rolf Wagschal mitgeteilt hat: »Eine Zierde vorm Haus, eine Perle im Strauß, eine Pracht in der Gruppe ist meine Hildepuppe!«

(Rolf Wagschal aus Reinbek bei Hamburg, einer der Senioren der deutschen Dahlienzucht, verstarb am 6. 12. 1990, als dieses Buch noch im Entstehen war.)

Klein genug, also »echte« Pompons, sind weiter viele im Ausland gezüchtete Sorten, zum Beispiel 'Small World' (Williams), 'Rhonda', 'Moor Place' (Newham), 'Willo Flecks' (Williams, Abbildung), 'Minley Sharon' (Williams, Abbildung Seite 15), 'Diana Gregory' und andere. An sich zu groß sind 'Golden Fizz', 'Franz Kafka', 'Natal', 'Annette', 'Caroline', 'Nescio' und viele, viele andere, was mit ihrer Qualität und Beliebtheit natürlich nichts zu tun hat. Bei diesen größeren Sorten kommt dann auch noch häufig das zuvor erörterte Problem des Blütenaufbaus hinzu.

Es ist insgesamt aber zu fragen, ob und wo wir für Pompon-Dahlien ein Limit bezüglich des Blütendurchmessers setzen wollen. Vielleicht sollte man flexibel sein. 7 cm würden es eventuell auch tun. Wichtig und unerläßlich ist jedoch, gleichgültig wo man die Grenze ziehen will, stets eines: Pompons müssen immer den typischen runden, geschlossenen Wuchs mit vollständig aufgerollten Blütenblättern aufweisen.

Zu meinen Lieblings-Pompons zählt übrigens die Sorte 'Troll' (Lorenzen), eine hübsche rosa Sorte mit dunkler Mitte. Sehr schön sind auch die rostorangefarbene 'Bantling' (Aartsen) und die dunkelrote 'Prom' (Lindhout-Ornata).

'Willo Flecks', eine der schönsten gelben Pompon-Dahlien, stammt aus Australien.

Die alte, hellrote Pompon-Dahlie 'Hildepuppe' blüht besonders reich.

Klasse VIII
Cactus-Dahlien (C)

Die Cactus- und Semi-Cactus-Sorten sind die »Neureichen« unter den Dahlien. Sie prunken und imponieren, gehören aber nicht zum alten Adel. Sie stammen, wie wir bereits gesehen haben, von der *Dahlia juarezii* ab, die erst Ende des vorigen Jahrhunderts – mehr oder weniger zufällig – nach Europa gelangte. Vielleicht sollten wir die Cactus-Dahlie aber etwas liebevoller als »Newcomer« bezeichnen.

Die *Dahlia juarezii* hatte gefüllte Blüten mit geraden, spitz zulaufenden Blütenblättern, die, und das ist das entscheidende Merkmal, nach hinten eingerollt oder umgeklappt waren. Dies stellt die Grundform der heutigen Cactus-Dahlie dar.

Extrem eingerollte Blütenblätter besitzt die Cactus-Dahlie 'Television'.

Die Sorten dieses Typs sind strahlende, elegante Erscheinungen. Die Blüten haben einen straffen und exakten Aufbau, machen trotzdem aber keinen massigen, sondern eher einen etwas lockeren, beschwingten Eindruck. Diese Wirkung entsteht dadurch, daß die Blumen einerseits vollständig gefüllt sind, andererseits aber haben sie Blütenblätter, die straff und schmal auswachsen und sich nach hinten aufrollen. Sehr gut kann man dies bei der alten rot-gelben Sorte 'Television' (Stredwick 1941, Abb.) erkennen, deren Blütenblätter extrem eingerollt sind und der Blüte einen schon fast spinnenartigen Charakter verleihen.

Mit dem Einrollen ist es bei den Cactus-Dahlien übrigens genau umgekehrt wie bei den Ball- und Pompon-Sorten. Die Blütenblätter sind nach hinten und nicht nach vorne gebogen. Außerdem beginnt das Umklappen immer an der Spitze der Blütenblätter. Die einzelnen Blütenblätter sind, wenn sie aus der Knospe kommen, auch bei den Cactus-Sorten zunächst noch nach innen gebogen. Beim Aufblühen fangen sie dann an, von der Spitze her umzuklappen. Deswegen sind die älteren, unteren Blütenblätter immer am stärksten eingerollt.

Hinweisen möchte ich noch darauf, daß Cactus-Dahlien zwar fast immer spitz zulaufende Blütenblätter haben; die Spitze als solche bildet aber nicht das entscheidende Kriterium. Es gibt auch Sorten, die nicht ganz spitz zulaufen, beispielsweise die dunkelrosa 'Preference' (Bruidegom). Weiter gibt es Cactus-Sorten mit gezackten, geschlitzten Enden, die auch Hirschgeweih-Dahlien genannt werden (siehe Seite 54). Umgekehrt existieren auch Sorten aus anderen Klassen, zum Beispiel Dekorative, die spitz auslaufende Blütenblätter aufweisen, aber deswegen noch lange keine Cactus-Dahlien sind. Das ausschlaggebende Merkmal bilden immer die nach hinten gerollten Blütenblätter.

Eine besonders ansprechende Farbgebung zeigt die Cactus-Dahlie 'Rose KK'.

Die Cactus-Dahlien haben ihren Namen interessanterweise nicht, wie man annehmen sollte, wegen der stachelartigen Blütenblätter, sondern wegen der Ähnlichkeit mit den Blüten bestimmter Kakteen erhalten. Von den Kakteen, den Cacti, leitet sich die Schreibweise mit »C« ab.

Besonders locker, geradezu schwungvoll wirken Cactus-Sorten, deren Blütenblätter nicht in einer Linie geradeaus gestreckt, sondern nach oben gebogen sind. Die Spitzen stehen also etwas in die Höhe. In den USA werden diese Sorten »Incurved Cactus« genannt (im Gegensatz zu den akkuraten Formen, die dort »Straight Cactus« heißen).

Ein typisches Beispiel für diese **Incurved Cactus** ist die rote 'Primaner' (Dr. Wirth), die für mich eine der besten Cactus-Sorten überhaupt darstellt. Eine weiße Vase mit fünf oder mehr »Primanern« ist ein Gedicht! Sehr gut ist auch 'Stadt Kassel' (Wagschal), eine schwarzrote Sorte, die sich ebenfalls hervorragend für Sträuße und Gestecke eignet. Erwähnt sei auch die nach wie vor beliebte Sorte 'Alfred Grille' (Severin), rosagelb, mit verschlungenen gedrehten Blütenblättern, die ihr den häßlichen Namen »Krallen-Dahlie« eingebracht haben. Zu den Oldtimern bei den Incurved Cactus gehört die berühmte goldfarbene 'Wagschals Goldkrone' (Wagschal), die nach wie vor bei der Züchterfirma erhältlich ist.

Cactus-Dahlien sind allgemein recht weit verbreitet. Zu den neueren Sorten gehört 'Fred's Nr. 4'.

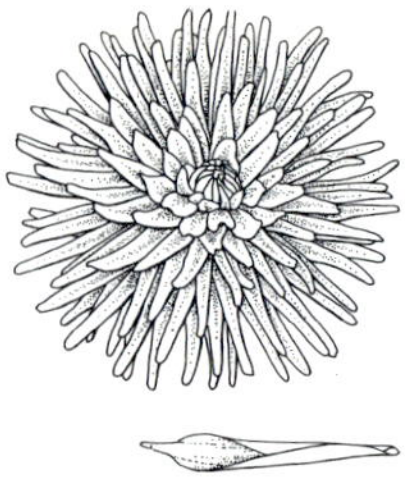

Bei den geraden Cactus-Sorten, den **Straight Cactus**, ist zuerst ein Klassiker zu nennen, die weinrote 'Doris Day' (Wijhers). Diese Dahlie ist immer dabei, wenn Listen mit empfehlenswerten Sorten aufgestellt werden. Berühmt ist weiter die gelbe 'Klankstadt Kerkrade' (Bruidegom). Diese hat viele hübsche Töchter zur Welt gebracht ('Cream KK', 'Peach KK', 'Rose KK' (Abbildung), 'Pink KK', 'Lady KK'), die natürlich längst ihre Liebhaber gefunden haben. Sehr gut ist auch die rot-weiße 'Pfitzers Joker' (Pfitzer).

Eine der weltweit erfolgreichsten Dahlien ist die niedrige rosa 'Park Princess' (Maarse 1959), die in Millionen-Stückzahlen produziert und exportiert wird. Diese nur etwa 40 bis 50 cm hoch werdende Sorte imponiert durch ihre Zuverlässigkeit; sie ist offenbar unverwüstlich und kommt immer an. Sie hat übrigens eine – nicht ganz so erfolgreiche – Schwester, die dunkelgelbe 'Border Princess' (Lammerse).

Cactus-Dahlien gibt es in allen Farben und allen Größen, wobei wir allerdings nur wenige riesenblumige Sorten, »Giants«, vorfinden. Eine Ausnahme ist die weiße 'Polar Sight' (Maarse 1960).

Klasse IX
Semi-Cactus-Dahlien (SC)

Die Angehörigen dieser Klasse sind ein Mittelding zwischen Cactus- und Dekorativen Dahlien. Man könnte sie deshalb ebensogut »Semi-Dekorativ-Dahlien« nennen. Sie haben meist breitere Blütenblätter als die reinen Cactus-Sorten. Außerdem sind die Blütenblätter – und das ist das entscheidende Merkmal – nur an der Spitze eingerollt – natürlich ebenfalls nach hinten. Wenn sie um mehr als die Hälfte, von der Spitze her gesehen, aufgerollt bzw. umgeklappt sind, haben wir es wieder mit Cactus-Dahlien zu tun.

Das Angebot gerade an Semi-Cactus-Dahlien ist riesengroß. Berühmtheit hat 'Cheerio' erlangt, eine weinrote Sorte mit weißen Spitzen. Sie stammt aus Australien und kam 1953 nach Europa (nicht zu verwechseln mit 'Gute Laune' von Severin). 'Cheerio' erreicht nur etwa 50 cm Höhe. Ein weiterer Klassiker ist die rosa 'Pipers Pink' (Piper 1964) – nach Meinung eines mir bekannten Dahlienfreundes die beste Dahlie überhaupt. Sehr gut ist auch die honiggelbe

'Golden Heart' nennt sich diese attraktive Semi-Cactus-Dahlie.

Die Dahlienzüchter bringen immer wieder Neuzüchtungen in interessanten Farbkombinationen heraus, wie die Semi-Cactus-Dahlie 'Grenidor Pastelle' beweist.

'Garten-Party' (Pfitzer), eine üppig blühende, ebenfalls niedrige Sorte.

Als eine der allerbesten Sorten für die Verwendung im Garten kann 'Red Pygme' (Lammerse) gelten, ein nur 30 bis 40 cm hoher, kräftigroter Dauerblüher. Die Sorte ist vom Feinsten; sie blüht reich, in sauberer Farbe und zuverlässig bis zum Spätherbst. Wer eine Rabatte einfassen möchte oder für die vordere Reihe seines Dahlienbeetes eine niedrige Sorte sucht, sollte auf 'Red Pygme' zurückgreifen.

In der mittleren Größenklasse gibt es ebenfalls viele hervorragende Sorten, zum Beispiel 'Marianne Strauß' (Bergerhoff), dunkelrosa mit Gelb; die schon erwähnte schwarz-rote 'Via Mala' (Wagschal); nach wie vor hervorragend die orangegelbe 'Ökonomierat Ludwig Helfert' (Schwieters); die aparte, dunkelrosa 'Henriette' (Bergerhoff); ständiger Gast in meinem Garten: 'Lucky Devil' (Peters), rosa-gelb, und die ähnliche 'Frau Anny Schmidt'; sehr auffallend die rosa 'Elga' (Bergerhoff) sowie einer der vielen Dauerrenner im Dahlien-Angebot, die leuchtend rot-gelbe 'Vuurvogel' (Bruidegom), in Deutschland unter dem Namen 'Feuervogel' im Handel.

Bei den höheren Sorten muß als eine der ersten die rotgelbe 'Vulkan' (Pfitzer) erwähnt werden, ständiger Sieger auf Ausstellungen, mit – wie der Name schon vermuten läßt – umwerfender Farbwirkung. Diese Sorte fällt immer auf. Nicht weniger bekannt ist 'Gerhard Winkler' (Wagschal), eine ebenfalls prämierte Sorte mit aparter Farbgebung: rot mit goldenen Spitzen. Sehr effektvoll sind die leuchtendrote, großblumige 'Michael Jary' (Wagschal) und die bernsteingelbe 'Werner Bochmann' (Wagschal).

Semi-Cactus-Dahlien sind insbesondere bei den großblumigen Sorten stark vertreten. Erwähnt seien die bekannte lila 'Bloemswaard' (Peters), die rot-weiße 'Blithe Spirit' (Bruidegom) und die hellgelbe 'Hamari Accord' (Ensum).

Eine der besten »Giants« unter den Semi-Cactus-Dahlien ist die lila 'Pink Jupiter' (Hardham, Abbildung Seite 52). Sie bleibt gesund, blüht zuverlässig und zeichnet sich durch starke Stiele und eine attraktive Farbe (mit gelber Mitte) aus. Wer sich einmal mit »Giants« versuchen möchte, sollte – neben der 'Hamari Gold' – mit dieser Sorte beginnen.

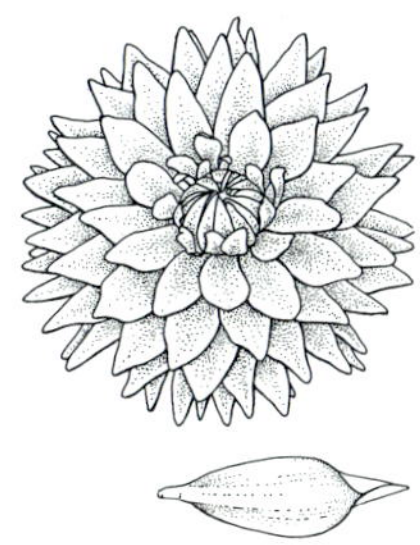

Dem Jet-set der großblumigen Semi-Cactus-Dahlien gehört 'Pink Jupiter' an. Die bewährte Sorte ging bereits bei vielen Dahlienschauen als Siegerin hervor.

Klasse X
Diverse Dahlien (Div.)

Hierbei handelt es sich um die Gemischtwarenabteilung im großen Dahlien-Kaufhaus. Im Englischen heißt die Klasse »Miscellaneous«, zu deutsch »Vermischte«. Der Ausdruck »Diverse« ist aber kürzer und klingt etwas seriöser. Er wird auch in Frankreich verwendet (»Dahlias divers«).

Die Beschreibung dieser Klasse ist ganz einfach. Hierzu gehören alle Dahlien, die wir nicht in einer der vorangegangenen Abteilungen (I bis IX) unterbringen können. Man sollte meinen, daß dies nicht mehr allzu viele sein können. Es gibt sie aber — und nicht wenige.

Zuerst seien die sogenannten **Duplex-Dahlien** erwähnt. Früher wurden sie häufig als »Päonien-Dahlien« bezeichnet. Es sind dies Sorten mit offenen Blüten, die mehr als nur einen Ring von Randblüten haben. Sie zählen deshalb nicht mehr zu den einfach blühenden Dahlien der Klasse I. Berühmtester und erfolgreichster Vertreter dieses Typs ist die unverwüstliche rote 'Bishop of Llandaff' (Treseder 1928) mit dunklem Laub. Sie ist eine der meistgekauften Sorten. Zu den Duplex-Sorten zählt auch die lila 'Fascination' (Elsdon), die Mainau-Königin von 1990 (siehe Abbildung Seite 31).

Ebenfalls in Klasse X gehört die inzwischen recht umfangreiche Familie der **Giraffe-Dahlien**. Die erste Sorte dieser Familie züchtete wohl der Niederländer Hoek; es folgten mehrere weitere Vertreter dieses Typs. Den Namen erhielten diese Sorten übrigens nicht nach dem langen Hals, sondern nach dem Farbmuster der Giraffe. Sie haben gefleckte bzw. gestreifte Blütenblätter, allerdings sind neuere Sortenvarianten teilweise wieder einfarbig. Man könnte die Giraffe-Dahlien von der Blütenform her zu den Orchideen-Dahlien zählen.

Rechts: Ein Beispiel für eine Giraffe-Dahlie: die beliebte 'Red Giraffe'.

Sehr zu empfehlen ist die orchideenblütige Dahlie 'Willemse Glory'.

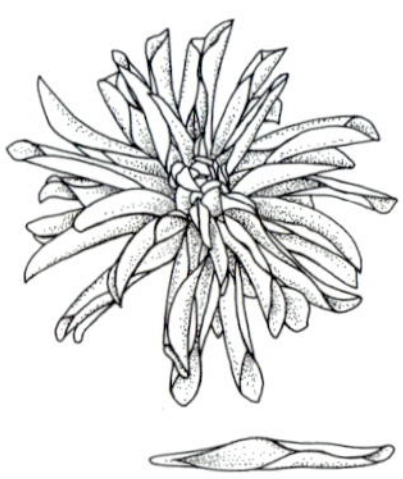

Weitere Vertreter dieser Klasse sind die **Orchideen-Dahlien**. Diese Dahlien erinnern vom Blütenaufbau her an Orchideen. Die bekannteste Sorte ist die besonders schöne 'Jescot Julie' (Cooper). Sie hat dunkelgelbe Blütenblätter, die an der Unterseite braunrot gefärbt sind. Dadurch kommt eine ungewöhnliche Farbwirkung zustande. Diese sehr empfehlenswerte Sorte bleibt niedrig und blüht sehr reich.

An dieser Stelle müssen noch die sogenannten **Hirschgeweih-Dahlien** erwähnt werden, deren Blütenblätter am Ende gezackt bzw. geschlitzt sind. Sie sehen teilweise etwas eigenartig aus; viele Hobby-Gärtner haben aber durchaus Freude an dieser exotischen Spielart. Aus Übersee sind einige Sorten mit extrem ausgeformten Blütenblättern zu uns gekommen, zum Beispiel die weiße 'Tsuki yori no Shisha', die so stark ausgefranst ist, daß sie schon eher wie ein Staub-Mopp aussieht. Im Englischen werden die Sorten mit »fimbriated« oder »lacinated« beschrieben, im Französischen »fimbriés«, »lacinés« oder auch »le crabe«. Im Holländischen tauchen die Begriffe »decasplit« oder auch »hertegewei dahlia« auf.

Es gibt erstaunlich viele Hirschgeweih-Dahlien. Die erste bekannte Sorte soll eine rote Cactus-Dahlie aus England mit geschlitzten Blütenblättern gewesen sein: 'Progenitor' (Veitch 1898). Später kamen viele hinzu, zum Beispiel die bekannte 'Dentelle de Venice' (Nagels 1953), die heute noch im Handel befindliche 'C. R. Jelitto' (Severin 1957) sowie die gelbe 'Schloß Homburg' (Bergerhoff) (Jahrbuch der DDFGG 1989, Seite 69). Bei mir im Garten haben die beiden roten Sorten 'Apache' (Bruidegom) und 'Attention' gut geblüht.

Hirschgeweih-Dahlien bilden — trotz ihrer großen Zahl — keine eigene Klasse. Sie gehören auch nicht in die Sammelklasse X. Es sind meistens Cactus- oder Semi-Cactus-Dahlien, manchmal auch Dekorative. Gelegentlich wird diskutiert, ob man für sie nicht doch – wie für die Seerosen-Dahlien – eine eigene, zusätzliche Klasse einrichten soll. Dies ist jedoch nicht sinnvoll, weil man sie nicht exakt genug abgrenzen kann. Es gibt viele Dahlien, deren Blütenblätter nur ganz leicht geschlitzt sind, wie zum Beispiel die brandneue 'Fürstin Elisabeth von Bismarck' (Wagschal 1989). Wie tief müßte aber der Schlitz sein, und zwar auch im Verhältnis zur Länge des jeweiligen Blütenblattes? Das läßt sich nicht genau festlegen. Außerdem besteht kein »Handlungsbedarf«, weil alle Hirschgeweih-Dahlien einer bereits bestehenden Klasse zugeordnet werden können.

Ein letztes Wort zu den Klassen

Die hier vorgelegte Klasseneinteilung ist, wie ich schon eingangs erwähnt habe, vollständig und erfaßt sämtliche auf dem Markt befindlichen Sorten. Alle bekannten Dahlien können einer der zehn Klassen zugeordnet werden.

Lassen Sie sich deshalb nicht irritieren, wenn Ihnen in Prospekten oder alten Büchern trotzdem noch weitere unbekannte Bezeichnungen begegnen. Es handelt sich dabei um keine neuen Klassen, sondern um alte, früher benutzte Begriffe, die inzwischen überholt sind. Oder aber es sind Wortschöpfungen, die von Züchtern und Vertriebsfirmen »erfunden« werden, um die jeweiligen Dahlien besser beschreiben und verkaufen zu können. Häufig handelt es sich auch um irgendwelche Besonderheiten, die in die Klasse X gehören.

Ich habe zum Beispiel in einem Prospekt den originellen Ausdruck »Windmühlen-Dahlien« gefunden. Dabei handelte es sich um Cactus-Dahlien, deren Blütenblätter verdreht waren, wie bei der bekannten Sorte 'Alfred Grille' (Severin). Insgesamt hoffe ich aber, daß unsere Profis ihrer Phantasie ein wenig die Zügel anlegen und nur noch die zulässigen Begriffe verwenden. Ich habe Ihnen einige dieser – ungültigen – Bezeichnungen zusammengestellt: Narzissen-Dahlien, Krallen-Dahlien, Rosetten-Dahlien, Balkon-Dahlien, Zonen-Dahlien, Herz-Dahlien, Pompette-Dahlien, Feinstrahlige Dahlien, Baby-Dahlien, Chrysanthemen-Dahlien, Bizarre Dahlien, Hybrid-Dahlien.

Gezackte Blütenblätter besitzt die Hirschgeweih-Dahlie 'Attention'.

Sortenwahl

Wenn Sie, lieber Leser, das vorliegende Buch bis hierhin durchgearbeitet haben, werden Sie sich sicher fragen, weshalb ich Ihnen noch keine Liste mit besonders schönen oder bewährten Sorten vorgelegt habe. Diese Frage ist berechtigt. Den Dahlien-Liebhaber, der in seinem Garten nur eine begrenzte Auswahl an Pflanzen unterbringen kann, beschleicht immer eine leise Wehmut, wenn er auf Ausstellungen oder in Dahliengärten die ungeheure Vielfalt der dort ausgestellten Blumen betrachtet. Welche Fülle, welche Pracht! Eine solche Wirkung kann man zu Hause nicht erzielen. Man muß sich auf einige ausgewählte Sorten beschränken. Aber welche?

Ein »Standard-Sortiment«, wie es häufig bei anderen Pflanzen empfohlen wird, gibt es bei der Dahlie nicht. Dafür ist die Auswahl an wirklich guten Sorten zu groß. Es ist völlig unmöglich, aus Tausenden von brauchbaren Sorten eine Liste mit vielleicht 20 oder 30 Namen zu erstellen und die anderen als weniger gut abstempeln zu wollen. Alle Dahlien sind schön und haben alle ihre Vor- und Nachteile. Es gibt schließlich auch keine häßlichen Mädchen – jede sieht nur anders aus. Unsere Züchter haben alle ein großes Sortiment wunderschöner Dahlien im Angebot. Jährlich kommen neue, phantastische Sorten hinzu. Wollte man einzelne hervorheben, wäre das all den anderen gegenüber ungerecht. Trotzdem habe ich versucht, eine gewisse Anzahl schöner und erprobter Sorten zusammenzustellen. In den Kapiteln über die Farben und über die Klasseneinteilung sind zahlreiche Sorten aufgeführt, die sich als besonders empfehlenswert herausgestellt haben. Ich habe sie im Anhang dieses Buches noch einmal in einem eigenen Sortenregister zusammengefaßt. Die dort benannten Dahlien können Sie alle getrost in Ihrem Garten anbauen.

Weiterhin besteht die Möglichkeit, sich selbst ein eigenes Sortiment auszuwählen. Man sollte dazu nicht nur bei seinen Nachbarn, sondern auch auf Blumenausstellungen oder in Dahlienparks und in Kurgärten mit Papier und Bleistift an den Beeten entlanggehen und sich diejenigen Sorten notieren, die einem gefallen. Züchter oder Lieferfirma sind fast immer angegeben. Notfalls muß man sich bei der Gartenverwaltung erkundigen. Außerdem kann man bei den Züchterfirmen (siehe Seite 92) Kataloge anfordern, in denen Dahlien mit Fotos und kurzen Beschreibungen angeboten werden.

Im übrigen muß man Geduld haben und immer wieder die eine oder andere neue Sorte ausprobieren. Auf diese Weise erhält man nach einigen Jahren einen gewissen Überblick über das vorhandene Angebot und kann so sein individuelles Sortiment, passend für den eigenen Garten, zusammenstellen.

Dahlien mit offener Mitte ergeben einen beliebten Landeplatz für Bienen, Schmetterlinge und andere gefügelte Besucher. Hier die Halskrausen-Dahlie 'Don Lorenzo'.

Das Dahlienbeet im Garten

Richtig angelegt und ordentlich gepflegt erfreut uns das Dahlienbeet bis in den Herbst hinein mit immer wieder neuen Blüten. Wenn die Dahlien genügend Licht erhalten, ausreichend ernährt sind und nicht durch andere Pflanzen bedrängt werden, dann kann im Grunde kaum etwas schiefgehen.

Der Standort

Dahlien benötigen einen freien und sonnigen Standort. Büsche, Bäume, Mauern oder hohe Hecken, die Schatten werfen, beeinträchtigen das Wachstum erheblich. Leider versuchen viele Gartenfreunde immer wieder, Dahlien an derartigen Stellen auszupflanzen, weil dort gerade Platz ist und weil die wenigen sonnigen Stellen im Garten für andere Zwecke benötigt werden. Dahlien sind aber keine Lückenbüßer, mit denen man Problemzonen im Garten ausfüllen kann. Sie wachsen dort schmal und hoch – immer auf der Suche nach Licht und Sonne –, und sie produzieren nur wenige schwache Blüten. Oder aber sie kommen erst gar nicht in die Höhe und verkümmern am Boden. Außerdem haben wir die Garantie, daß der Schädlingsbefall an diesen Stellen, insbesondere unter Bäumen, immens hoch ist.

Dieser Fehler unterläuft allerdings nicht nur Amateuren. Auch Profis fallen immer wieder darauf herein. So wurde zum Beispiel auf der Bundesgartenschau Düsseldorf 1987 eine der Freilandpflanzungen von Dahlien vor einer Hecke und teilweise unter Bäumen plaziert. Der Erfolg war niederschmetternd und einer Bundesgartenschau unwürdig (Jahrbuch der DDFGG 1987, Seite 46).

Trotzdem sind Dahlien keine Sonnenanbeter, die, wie der Oleander oder andere mediterranen Gewächse, nur bei ständiger starker Sonne zum Blühen kommen. Auch in ausgesprochen schlechten und regnerischen Sommern ist auf Dahlien stets Verlaß. Sie benötigen aber immer den freien Himmel über sich.

Es schadet auch nichts, wenn zu gewissen Zeiten des Tages ein seitlicher Schlagschatten auf sie fällt. Durchgehende Sonne von morgens bis abends ist nicht erforderlich. Dahlien müssen nur frei stehen und wenigstens für den größten Teil des Tages Sonne erhalten. Dies gilt leider ausnahmslos für alle Dahlien. Es gibt, anders als zum Beispiel bei Rosen, keine speziellen Sorten, die für eine Schatten- oder Halbschattenlage geeignet wären.

Das gleiche Problem haben wir in bezug auf Nachbarpflanzen. Dahlien sind etwas »kontaktscheu«. Sie bleiben am liebsten unter sich. Wir können sie deshalb nur sehr bedingt mit anderen Pflanzen vermischt auf ein Beet setzen, insbesondere nicht mit hohen, wuchernden Stauden.

Dahlien haben keine »Ellenbogen«. Sie lieben es nicht, sich gegen andere Pflanzen durchsetzen zu müssen. Sie verkümmern unter solchen Bedingungen oder wachsen schmal und unansehnlich in die Höhe. In einem Dahlien-Buch aus dem fernen Australien heißt es deshalb auch schlicht und direkt: »They prefer to have an area devoted entirely to them and not to be mixed with other plants.« (Parker 1987, Seite 33)

Spitzenreiter in der Gunst des Publikums ist die reizende Dekorative Dahlie 'Eveline' aus Holland (Züchter Cor Geerlings). Ihre weißen Blüten zeigen in der Mitte einen lila Touch.

Ich muß daher — auch auf die Gefahr hin, als unmodern zu gelten — den Ratschlag geben, Dahlien in eigene Beete oder Reihen zu pflanzen. In allen neueren Gartenbüchern, die etwas auf sich halten, sind zwar Hinweise auf Begleitpflanzen und Vorschläge für die Schaffung von Pflanzengemeinschaften obligatorisch. Dies ist bei Dahlien aber nur sehr eingeschränkt möglich. Wir können sie mit anderen Pflanzen nur dann zusammensetzen, wenn wir ihnen — auch im Boden — genügend Pflatz lassen und verhindern, daß sich die artfremden Nachbarn ausbreiten.

Unvorsichtiges Zusammenbringen mit anderen Pflanzen kann erhebliche Probleme schaffen. So litt zum Beispiel die Dahlienpflanzung auf der Internationalen Gartenbau-Ausstellung in München von 1983 stark unter der Konkurrenz der — mit guter Absicht — dazwischen gesetzten Begleitpflanzen. Von der Deutschen Dahlien-Gesellschaft wurde deshalb auch empfohlen, die Dahlien bei den nächsten Schauen wieder auf traditionelle Art, nämlich ohne Begleitpflanzen, in eigenen Beeten auszusetzen (Jahrbuch der DDFGG 1983, Seite 20).

Da Dahlien im Gegensatz zu fast allen anderen Gartenbewohnern die ganze Saison hindurch blühen, können wir es uns auch leisten, ein ganzes Beet ausschließlich mit dieser Blume zu bepflanzen. Bei einem normalen Staudenbeet ergibt sich aus den wesentlich kürzeren und unterschiedlichen Blühzeiten die

Notwendigkeit, verschiedene Arten nebeneinander zu setzen. Bei der Dahlie ist dies nicht erforderlich. Sie sorgt allein für einen ständigen Blütenflor und würde auch andere Blumen durch die immense Anzahl ihrer Blüten und deren besondere Farbintensität und Leuchtkraft optisch erdrücken.

All dies bedeutet natürlich nicht, daß man Dahlien nicht auch zwischen oder vor andere Pflanzen setzen kann. Wenn man zum Beispiel eine eintönige Reihe von Immergrünen (Rhododendren oder Nadelgehölze) oder andere Aufpflanzungen auflockern möchte, eignen sich hierfür Dahlien recht gut. Man muß ihnen nur genügend Platz verschaffen und auf die richtigen Bodenverhältnisse achten. Das gleiche gilt, wenn man Dahlien in Stauden- oder sonstige Blumenbeete setzen will.

Bodenvorbereitung und Bodenpflege

An den Boden stellt die Dahlie keine besonderen Ansprüche. Sie gedeiht in jedem normalen Gartenboden. Dieser muß nur locker und durchlässig sein, da Dahlien, wie die meisten anderen Gartenpflanzen auch, keine stauende Nässe vertragen.

Der Boden darf nicht zu sauer oder zu kalkhaltig sein. Ideal ist ein pH-Wert von etwa 6,5, also ein leicht sauerer bis neutraler Boden. Böden mit extremen Säurewerten kann man regulieren, indem man stark kalkhaltigen Substraten Torfmull zugibt, der den pH-Wert senkt. Umgekehrt heben Kalkgaben (zum Beispiel mit Kalkmergel) den pH-Wert zu sauerer Böden an.

Bodenmüdigkeit

Dieses Problem taucht bei der Dahlie erstaunlicherweise kaum auf. Wenn Dahlien über Jahre hinweg immer auf die gleichen Beete gepflanzt werden, haben wir es zwar mit einer Monokultur zu tun. Trotzdem gibt es genügend Berichte von Züchtern und Dahlienfreunden, die ihre Dahlien teilweise über Jahrzehnte hinweg auf stets die gleichen Flächen gesetzt haben, ohne daß die Pflanzen Nachteile zu erleiden hatten. Voraussetzung ist natürlich eine sachgerechte Bodenbearbeitung und eine regelmäßige Düngung und vor allem Humusversorgung. Ebenfalls können Aufkalkungen hilfreich sein.

Bodenbearbeitung

Nach dem Herausnehmen der Knollen im Oktober oder November räumen wir die Flächen sorgfältig ab. Das Dahlienlaub bleibt nicht liegen, sondern wird abtransportiert, um keine Krankheitskeime zurückzulassen.

Sodann graben wir die Beete nach alter Väter Sitte tief und gründlich um, wobei wir Kompost oder abgelagerten Mist locker einarbeiten können. Diese organischen Zugaben dürfen aber nicht zu tief in die Erde kommen, sondern müssen in der obersten Bodenschicht verbleiben.

Wer auf das Umgraben verzichten und seinen Garten lieber mit dem Sauzahn oder einem ähnlichen Gerät bearbeiten möchte, kann dies tun. Man muß nur darauf achten, daß die Erde auch wirklich ausreichend gelockert wird und sich im Laufe der Zeit nicht verdichtet.

Während der Saison müssen wir, wie überall im Garten, die Erde locker halten, um den Feuchtigkeitshaushalt zu regulieren. Auch das Unkraut muß zurückgehalten werden. Hierfür benutzen wir aber keine Hacke, weil damit die Knollen und die flach auslaufenden Wurzeln beschädigt würden, sondern einen ganz flachen Grubber oder ein anderes entsprechendes Gerät. Am besten gehen wir mit einem kleinen Handgrubber auf die Knie und entfernen das Unkraut mit der Hand.

Kompost

Für die dauerhafte Erhaltung der Bodenfruchtbarkeit und für eine ausreichende Versorgung der Pflanzen gibt es nichts Besseres als Kompost. Ich brauche Ihnen die segensreiche Wirkung dieses Materials nicht weiter zu erläutern. Sie ist allgemein bekannt. Die Zeiten, in denen Verfechter einer intensiven Kompost-Wirtschaft als unseriöse »Alternative« abgetan wurden, sind längst vorbei.

Dahlien sind für eine regelmäßige Versorgung mit Kompost besonders dankbar. Verwenden Sie davon soviel wie möglich. Hierbei können Sie auch nichts falsch machen. Überdüngung, Belastung des Bodens und ein Auswaschen von Salzen (Nitraten) in das Grundwasser kommen dabei nicht vor.

Kompost ist – richtig zubereitet – reinste Natur. Böden mit ausreichendem Humusgehalt und gesunder Struktur sind in der Lage, Feuchtigkeit und Nährstoffe zu halten und diese den Pflanzen in der richtigen Dosierung zur Verfügung zu stellen.

Sie sollten deshalb gerade die Dahlienbeete ausreichend mit Kompost versorgen, und zwar im Herbst beim Umgraben, beim Auspflanzen (etwas davon ins Pflanzloch geben) und zum Mulchen. Besonders vorteilhaft ist es, wenn Sie im Frühjahr vor dem Auspflanzen Kompost locker in die obere Schicht einarbeiten. Wenn Sie dies beherzigen, brauchen Sie sich um ein gesundes Wachstum der Dahlien keine Sorgen mehr zu machen.

Düngung

Der im vorigen Abschnitt behandelte Kompost ist kein Dünger im eigentlichen Sinne. Es ist gesunde, nahrhafte Erde, die die ganze Vielfalt des pflanzlichen und tierischen Bodenlebens enthält. Er verhilft den Pflanzen zu einem natürlichen und unkomplizierten Wachstum.

Trotzdem treten selbst bei ausreichender Kompostwirtschaft gelegentlich Mangelerscheinungen auf, wenn einzelne Nährstoffe nicht in ausreichender Menge vorhanden sind. Viele Gartenbesitzer können sich auch (Schande über sie!) nicht entschließen, einige Quadratmeter ihres Gartens für einen Komposthaufen freizumachen. In diesen Fällen muß man mit etwas Dünger nachhelfen.

Wir verwenden hierzu in erster Linie organische Materialien, wie fertig gekaufte organische Dünger, Trockenmist, Hornspäne, Knochenmehl usw. Frischer Stallmist sollte nie direkt, sondern nur nach einer Zwischenrotte auf dem Komposthaufen eingebracht werden.

Kunstdünger in Form von sogenannten Volldüngern dürfen wir nur sehr sparsam verwenden. Wenn möglich, sollte man auf derartige »chemische Krücken« verzichten. Auf jeden Fall muß eine Überdüngung mit Stickstoff vermieden werden. Zuviel Stickstoff treibt die Dahlien in die Höhe, die Triebe werden lang und dünn, und es entwickelt sich zuviel Blattwerk. Die Knollen werden einseitig ernährt und sind dadurch anfälliger gegen Krankheiten.

Während natürliche Düngestoffe im Grunde zu jeder Zeit ausgebracht werden können, verwenden wir Volldünger nur zu Beginn der Saison, wenn die Dahlien die ersten größeren Blätter und Triebe entwickeln, und noch einmal, wenn das Blütenwachstum beginnt, also etwa Mitte bis Ende Juli. Der Dünger wird locker um die Dahlie verstreut und leicht eingearbeitet. Im Herbst sind keine Düngergaben mehr erforderlich. Sie schaden eher, weil die Knollen dann überdüngt werden und im Winterquartier leichter faulen.

Mulchen

Durch das Mulchen wird das Bodenleben aktiviert, die Feuchtigkeit in der Erde gehalten und das Auflaufen von Unkräutern verhindert. Diese Vorteile kön-

Links: Dahlien wachsen am liebsten unbedrängt von Nachbarpflanzen in Rabatten.

Rechts: Dahlien können auch in Nachbarschaft zu Stauden gut zur Geltung kommen. Hier ergibt sich eine bunte Mischung mit Kosmeen und Astern.

nen wir uns auch für die Dahlie zunutze machen. Als Mulchmaterial verwenden wir alle Stoffe, die auch sonst hierfür in Betracht kommen, also Rasenschnitt, Baumrinde, Stroh, Holzhäcksel, Laub, gehäckselte Gartenabfälle usw., wobei ich immer Grobkompost empfehle. Dieser läßt seine pflanzlichen Bestandteile noch erkennen und hat deshalb eine gröbere Struktur.

Mulchdecken ziehen allerdings oft Wühlmäuse an. Außerdem ist frischer Rasenschnitt eine ideale Anlaufbahn für Schnecken. Man sollte mit dem Mulchen daher erst beginnen, wenn die Dahlien eine gewisse Höhe erreicht haben.

Die Gestaltung eines Dahlienbeetes

Wie ich bereits ausgeführt habe, bleiben Dahlien am liebsten in eigener Gesellschaft. Am schönsten und einfachsten ist es deshalb, wenn Sie ein ganzes Beet oder eine lange Rabatte allein mit Dahlien bepflanzen. Gruppenpflanzungen sind auch immer effektvoll und verstärken die Farbwirkung der Blüten.

Pflanzen Sie Ihre Dahlien aber nicht kunterbunt durcheinander. Machen Sie es wie die Profis. Setzen Sie immer möglichst viele Dahlien einer Sorte zusammen und beschränken dafür lieber das Sortiment. Werden zu viele Dahlien unsortiert durcheinander gepflanzt, kommen die einzelnen Farben nicht richtig zur Geltung.

Wichtig ist, daß man Größe und Farbe der jeweiligen Dahlien genau kennt. Die entsprechenden Daten auf den Verkaufspackungen und in Katalogen sind leider immer nur ungefähre Angaben, die je nach Standort stark variieren können. Auf unserem Beet kommen hohe Sorten nach hinten, niedrige nach vorne. Mit den ganz niedrigen Dahlien können wir eine regelrechte Einfassung, die das ganze Beet umgibt, anlegen.

Die Beete sollten nicht zu breit sein. Die Dahlien müssen zum Aufbinden und Ausputzen erreichbar bleiben. Ideal ist es, lange schmale Beete mit zwei oder drei Reihen anzulegen, in denen die Dahlien jeweils versetzt zu den Pflanzstellen der Nachbarreihe (»auf Lücke«) eingesetzt werden.

Begleitpflanzen

Mit diesem Thema kann ich mich nicht richtig anfreunden. Abgesehen davon, daß Dahlien keine allzu enge Nachbarschaft zu anderen Pflanzen lieben, ist mir der Platz für Begleitpflanzen einfach zu schade. Wenn irgendwo zwischen den Dahlien noch eine Stelle frei sein sollte, würde ich lieber eine weitere Dahlie einpflanzen, als den Platz für Begleitpflanzen zu verschwenden.

Dies ist aber zugegebenermaßen Geschmacksache. Man kann eventuell schmale, hohe Pflanzen verwenden, die aus den Dahlien herausragen. Hierfür eignen sich einige späte und hochwachsende Eisenhutarten *(Aconitum)* oder Ritterspornsorten *(Delphinium)*. Diese bringen dann auch das bei Dahlien nicht vorkommende Blau in den Garten.

Sehr hübsch können die hohen gelben Königskerzen *(Verbascum)* aussehen. Diese haben eine starke Leuchtkraft, blühen sehr lange und nehmen nicht viel Platz in Anspruch. Auch Fingerhut *(Digitalis)* kann man verwenden, dessen Blütenstände allerdings sehr schnell braun und unansehnlich werden. Am besten eignen sich – jedenfalls bei niedrigen Dahlien – immer noch Gräser, die es als Stauden- oder Einjahrsgräser in vielen Arten und Sorten gibt (Jahrbuch der DDFGG 1988, Seite 38).

Eine ganz andere Frage ist, ob man die im Frühjahr zunächst noch freien Dahlienbeete mit frühblühenden Pflanzen besetzen soll. Ich halte davon nicht viel, denn es bedeutet viel zusätzliche Arbeit. Außerdem stören mich freie Flächen im Garten nicht. Ein sauber umgegrabenes Beet sollte eigentlich jedes Gärtnerherz erfreuen. Wer aber trotz-

dem keine »schwarzen Löcher« in seinem Garten ertragen kann, hat die Möglichkeit, mit geeigneten Frühjahrsblühern entsprechende Gartenkosmetik zu betreiben: Stiefmütterchen *(Viola)*, Vergißmeinnicht *(Myosotis)*, Tausendschön *(Bellis)*, frühblühende Tulpen *(Tulipa)*, Narzissen *(Narcissus)*, Hyazinthen *(Hyazinthus)*, Schneeglöckchen *(Galanthus)*, Blausterne *(Scilla)*, Traubenhyazinthen *(Muscari)*, Steinkraut *(Alyssum)*, Gänsekresse *(Arabis)*, niedrige Glockenblumen *(Campanula)*, Gemswurz *(Doronicum)*, Wolfsmilch *(Euphorbia)*, Schleifenblume *(Iberis)*, Iris, Primeln und viele andere (Jahrbuch der DDFGG 1972, Seite 94).

Diese Pflanzen kann man beim Ausbringen der Dahlien wieder entfernen. Die Blumenzwiebeln lassen sich übrigens auch in kleine Container pflanzen, die man im Beet einsenkt, so daß man sie bequem wieder herausnehmen kann.

Dahlien für Kübel und Balkon

Nicht jedem steht ein eigener Garten für die Auspflanzung großer Dahlienbüsche zur Verfügung. Man ist häufig auf den Balkon oder die kleine Terrasse angewiesen. Zunehmender Beliebtheit erfreuen sich daher Dahlien, die man in Balkonkästen, Kübeln, kleinen Containern oder Töpfen auspflanzen kann.

Hier helfen die vielen niedrigen Dahliensorten, die man aus Samen oder — besser noch — aus Knollen heranziehen kann. Im Grunde eignen sich alle, auch hochwachsende Dahlien für eine derartige Auspflanzung, sofern man die Pflanzbehälter groß genug wählt. Wir sollten uns aber auf Exemplare beschränken, die nicht höher als einen halben Meter werden. (Auf allen Verkaufspackungen und in Katalogen sind Größenangaben enthalten.)

Mehr Freude hat man aber an den niedrig wachsenden Sorten, bei denen es ein breites Angebot in vielen Farben und Klassen gibt. Auf Wochenmärkten und in Gärtnereien findet man auch verstärkt Dahlien, die bereits im Gewächshaus in Töpfen vorgetrieben worden sind. Alle diese Sorten sind unter verschiedenen Namen und Sortenbezeichnungen auf dem Markt: »Unwin-Hybriden«, »Dahlietta«, »Mignon-Dahlien«, »Rigoletto«, »Figaro«, »Zwerg-Dahlien« oder »Top-Mix-Dahlien«.

Die Knollen werden — wie im Freiland — Ende April bis Mitte Mai eingelegt und genauso behandelt wie im Garten. Wegen der letzten Fröste ist es allerdings zu empfehlen, mit dem Auspflanzen lieber noch ein oder zwei Wochen zu warten, da die Töpfe schneller durchfrieren. Man kann die Knollen, wenn man möchte, auch schon in der Wohnung vortreiben.

Während des Sommers müssen wir uns gewissenhaft um das Wässern kümmern, da die freistehenden Pflanzgefäße schnell austrocknen. Auch das Ausputzen muß besonders sorgfältig erfolgen. Die Pflanzerde muß etwas nahrhafter sein als normale Gartenerde. Wir verwenden einen Langzeitdünger oder kaufen ein fertiges Substrat für Balkonkästen. Besonders gut geeignet ist — wie immer — lockere Komposterde.

Zu beachten ist, daß alle Dahlien einen großen Bedarf an Licht und Sonne haben. Auch eingetopfte Dahlien dürfen deshalb nicht im Schatten oder in einer dunklen Ecke des Balkons stehen. Auch sie benötigen den größten Teil des Tages volle Sonne.

Die niedrigen Dahlien bilden übrigens keine eigene Klasse. Sie gehören, je nach Form ihrer Blüten, zu einer der zehn bereits besprochenen Gruppen. Die Größe der ganzen Pflanze ist nicht entscheidend. Wir finden deshalb bei den niedrigen Sorten nicht nur einfach blühende Dahlien, sondern auch Duplex-Dahlien (Klasse X), Dekorative Dahlien, Cactus- und Semi-Cactus-Dahlien. Sehr hübsch sind auch die niedrigen Anemonenblütigen Sorten der Klasse II.

Das Dahlienjahr

Das Gartenjahr rund um die Dahlie ist lang und arbeitsreich. Ich möchte deshalb keine falsche Reklame für meine Lieblingsblume machen und etwa behaupten, daß Dahlien pflegeleichte Gartenkinder seien. Sie wachsen zwar üppig und überschütten uns Jahr für Jahr mit einer Unmenge ständig nachwachsender neuer Blüten. Sie verlangen aber auch regelmäßige Pflege und Unterstützung. Wie so häufig im Leben, erfordert auch hier das besonders Schöne besonderen Einsatz. Wenn Kollegen kühn behaupten, daß der Garten eine »ständige Quelle der Erholung« sei, so kann ich dem nicht beipflichten. Ich muß in meinem Garten immer tüchtig arbeiten.

Das Frühjahr

Pflanzzeit

Das Dahlienjahr beginnt – je nach Witterung und Lage Ihres Gartens – etwa Mitte April. Wenn Sie Ihre Dahlienknollen gesund und vollständig durch den Winter gebracht haben, können Sie sie bereits ab diesem Zeitpunkt auspflanzen. Dabei kommt es auf einige Tage früher oder später nicht an.

Häufig wird als Pflanzzeit der Monat Mai empfohlen. Dies liegt daran, daß man vorsichtshalber die berühmten Eisheiligen abwarten will. Sie kennen diese wilden Gesellen: Pankratius (12. Mai), Servatius (13. Mai) und Bonifacius (14. Mai). In Norddeutschland kommen dann noch Mamertus (11. Mai) und in Süddeutschland die Kalte Sophie (15. Mai) hinzu.

Dahlien sind nicht frosthart. Sie sind Kinder wärmerer Gefilde und von Natur aus nicht für unsere Breitengrade geschaffen – ein Schicksal, welches sie mit vielen anderen Pflanzen in unserem Garten teilen. Blüten, Stiele, Blattwerk und Knollen, alle Pflanzenteile der Dahlie sind nicht winterhart. Wir müssen daher das Auspflanzen in der Weise vornehmen, daß weder die Knollen noch die aus dem Boden kommenden Triebe dem Zugriff des Frostes ausgesetzt sind. Deshalb der Hinweis auf die Eisheiligen.

Trotzdem können wir die Auspflanzung bereits im April vornehmen. Die letzten Fröste dringen nämlich nicht mehr in den Boden ein und können unsere Dahlienknollen, die wir tief genug eingesetzt haben, nicht mehr erreichen. Andererseits ist dieser frühe Zeitpunkt kein Muß. Sie sollten keinen falschen Ehrgeiz entwickeln und es darauf anlegen, unbedingt die ersten blühenden Dahlien in Ihrer Nachbarschaft haben zu wollen. Ehrenvoller ist es, im Herbst die letzten Dahlien vorzeigen zu können. Man sollte jedes Frühjahr die Situation in seinem Garten neu prüfen. Die Erde muß bereits etwas aufgewärmt sein. Ist sie noch zu kalt und naß, lohnt sich das Auspflanzen nicht. Die Dahlien haben keinerlei Nachteile, wenn sie erst Mitte oder gar Ende Mai ausgebracht werden.

Vorbereitung der Knollen

Bevor wir die Knollen der Erde anvertrauen, unterziehen wir sie noch einer gründlichen Kontrolle. Wir schneiden zu lange und unordentlich aussehende alte

In Lachsrosa mit gelber Mitte blüht die Dekorative Dahlie 'Europeana'.

Stiele auf etwa Handbreite zurück. Auch alte und verhärtete Erdreste werden entfernt. Dabei müssen wir aber besonders vorsichtig vorgehen, um nicht eventuell schon vorhandende junge Triebe abzubrechen.

Weiter müssen wir, falls noch nicht geschehen, verfaulte Knollenteile ausschneiden. Hierbei kontrollieren wir besonders den Wurzelhals. Falls eine Knolle insgesamt nicht mehr gesund erscheint, lassen wir sie lieber beiseite und nehmen eine neue. Nichts ist ärgerlicher, als wenn eine Pflanze später kränkelnd dasteht oder eventuell gar nicht aus der Erde kommt.

Sehr wichtig ist weiter, daß man eine genaue »Identitäts-Prüfung« vornimmt und sich davon überzeugt, daß man auch die richtige Sorte in der Hand hat, um nicht im Sommer statt der kleinen, niedrigen Dahlie plötzlich einen Riesen von zwei Metern vor sich zu haben, der die ganze Sicht versperrt und die Gartenplanung durcheinanderbringt. Wenn Sie Ihre Sorten im Herbst beim Einbringen ordnungsgemäß etikettiert haben, dürfte dies aber kein Problem sein.

Es wird häufig überlegt, ob man eingetrocknete Dahlienknollen vor dem Auspflanzen ins Wasser legen soll. Ein solches Einweichen bringt jedoch nichts. Die Knollen können sich nicht in ein, zwei Tagen wieder vollsaugen — und länger dürfen wir sie wegen des Luftabschlusses nicht im Wasser lassen. Wenn in derartigen Exemplaren überhaupt noch Leben ist, beginnen sie in der Erde von selbst mit der Wasseraufnahme. Sind sie bereits abgestorben, kann sie auch ein Wasserbad nicht mehr zum Leben erwecken. Im Zweifelsfall sollte man verdächtige Knollen lieber aussortieren.

Ich werde oft gefragt, ob man längere Triebe, die sich bereits im Winterquartier gebildet haben, beim Auspflanzen an der Knolle lassen soll. Davon möchte ich abraten. Sie sind meistens schwach und dünn und kein Gewinn für Ihren Garten. Beim Auspflanzen brechen sie außerdem oft ab. Ich entferne zu lange Triebe. Die Knolle treibt genügend nach.

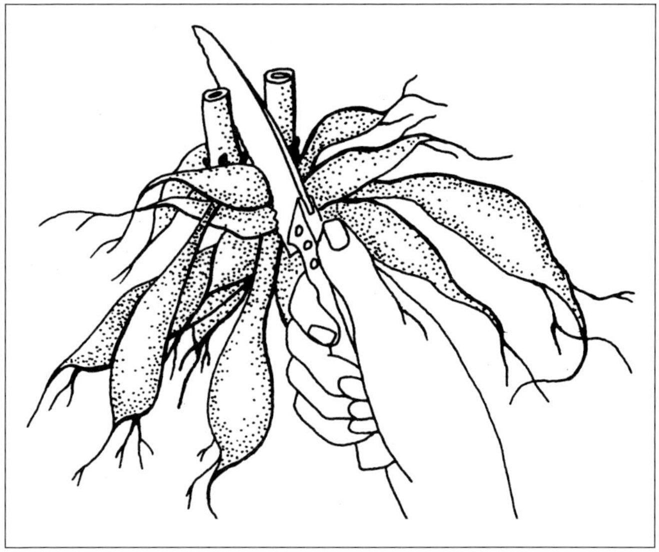

Zu große Dahlienknollen werden am besten im Frühjahr vor dem Auspflanzen geteilt.

Teilen der Knollen

Eine besonders wichtige Arbeit, die leider oft unterbleibt, ist das Teilen zu großer Knollen. Alte mehrjährige Dahlien haben häufig riesige Knollenbündel mit abenteuerlichen, verschlungenen Formen, die man kaum noch entwirren kann. Das ist völlig normal, ist aber gleichzeitig auch die Strafe dafür, daß Sie in den Vorjahren die Knolle nicht energisch genug geteilt haben. Bei einer offiziellen Zählung sollen einmal an einem einzigen Dahlienstock 127 einzelne Knollen festgestellt worden sein! (Jahrbuch der DDFGG 1935, Seite 71)

Im Deutschen gibt es leider keine präzisen Bezeichnungen für die Knollen der Dahlien. Die Ausdrücke »Knollen« oder »Knolle« werden sowohl für die Gesamtheit der Knollen, das Knollenbündel, als auch für die einzelnen Knollen – im Englischen »finger« – verwandt.

Die Aufteilung alter Knollen ist nicht nur möglich, sondern auch nötig. Die einzelnen Knollenteile behindern sich sonst gegenseitig bei der Bildung neuer, junger Knollen. Es werden vor allem zu viele Triebe gebildet, die oft klein und schwach sind und später wieder entfernt werden müssen.

Wichtig ist, daß die abgetrennten Knollenstücke immer einen Teil des sogenannten Wurzelhalses behalten. Der Wurzelhals ist die Stelle, wo die einzelnen Knollen zusammenhängen und in den Stiel übergehen (Abb. Seite 86). Am Wurzelhals sitzen die Augen, aus denen sich später die Triebe entwickeln. Knollenstücke ohne Wurzelhals sind wertlos.

Meistens kann man gut erkennen, wie die Knollen zu teilen sind. Es sind mehrere Stengel vorhanden, die unten einen Kranz von Einzelknollen um sich haben. Sie lassen sich mit der Hand auseinandernehmen oder – mit sanftem Druck – auseinanderbrechen. Manchmal sind sie aber so fest und durcheinander gewachsen, daß eine »Teilungsanordnung« nicht ohne weiteres zu erkennen ist. Man muß dann mit einem Messer – den Spaten würde ich nicht empfehlen – die Teilung vornehmen und die Schnitte mit Gefühl anbringen. Hierfür bekommt man schnell ein sicheres Gespür. Wenn Sie erst einige Übung haben, werden Sie feststellen, daß es gar nicht so schwer ist und daß man intuitiv die richtigen Schnittschnellen findet. Die Knollen fallen – ohne großen Verlust – in die richtigen Teile auseinander. Meistens erhält man zwei oder drei neue Knollenstücke, manchmal aber auch mehr.

Im Ausland (USA, Kanada) kennt man übrigens eine ganz rigorose Knollenteilung, die »tuber division«. Hierbei werden die Knollen in lauter Einzelstükke, mit nur einem kleinen Teil des Wurzelhalses, an dem sich gerade noch ein oder zwei Augen befinden, zerschnitten und zum Verkauf gebracht. Dies kommt für den privaten Gärtner aber nicht in Betracht.

Die Teilung der Knollen sollte man möglichst erst im Frühjahr, unmittelbar vor dem Auspflanzen, vornehmen. Man bemerkt dann faule und eingetrocknete Stellen besser, erkennt jetzt die Triebaugen und kann auch genauer abschätzen, wie groß der Bedarf ist und in wie viele Einzelstücke man die Knolle aufteilen soll.

Auspflanzen

Nachdem wir die Knollen ausreichend vorbereitet haben, kann mit dem eigentlichen Auspflanzen begonnen werden. Wir heben mit dem Spaten (bei kleinen Knollen reicht die Handschaufel) im vorbereiteten Beet ein **Pflanzloch** aus, welches groß genug ist, die Knolle vollständig und ausreichend tief aufzunehmen. Auf keinen Fall dürfen wir die Knolle in ein zu kleines Pflanzloch zwängen und dabei einzelne Knollenstücke abbrechen. Wir wollen auch durch ein gründliches und tiefes Ausgraben das Erdreich um die Knolle herum noch einmal lockern und lüften.

Befindet sich Ihr Gartenboden in einer normalen, durchschnittlichen Verfassung, bedarf es für die Auspflanzung keiner besonderen Zusätze. Eine Schaufel Komposterde in das Pflanzloch zu geben, ist natürlich immer richtig — vorausgesetzt, daß es sich auch um wirkliche Komposterde handelt und nicht um halbverfaulte, feuchte Pflanzenreste. Im übrigen soll man aber keinen Dünger direkt an die Knollen bringen. Das ist nicht nötig und kann eher schaden als nützen.

Sehr wichtig ist die richtige **Pflanztiefe**. Sie sollen die Knollen weder beerdigen noch lose verscharren. Sind die Knollen zu flach eingelegt, hat die Pflanze später keinen richtigen Halt; die Stiele brechen eher ab.

Es besteht auch die Gefahr, daß die Knollen im Laufe des Sommers freigelegt werden und ungeschützt der Witterung ausgesetzt sind. Außerdem habe ich in meinem Garten Bakteriosen meistens nur an freiliegenden Knollen beobachtet.

Zu empfehlen ist eine Pflanztiefe von etwa 5 cm, bezogen auf den Wurzelhals (Abbildung Seite 69). Man kann sich, wenn man unsicher ist, damit behelfen, daß man an den noch vorhandenen alten Stielen die Stelle sucht, bis zu der die Knolle im Vorjahr in der Erde war. Es ist besser, wenn man die Dahlien vorsichtshalber lieber etwas tiefer als zu flach einsetzt.

Beim Wiederauffüllen des Pflanzlochs müssen Sie darauf achten, daß die Knollen rundherum vollständig, aber locker mit Erde umgeben sind. Man darf sie nicht »einbetonieren«. Das Erdreich wird im Laufe der folgenden Monate noch fest genug. Deshalb ist auch ein Angießen oder gar Einschlämmen nicht zu empfehlen. Die Knollen brauchen in diesem Stadium noch keine zusätzlichen Wassergaben.

Ein ausreichender **Pflanzabstand** ist unbedingt zu beachten. Oft werden Dahlien zu eng gepflanzt und kommen im Sommer nicht richtig zur Entfaltung. Sie sollten sich in Gedanken immer die spätere, ausgewachsene Pflanze vorstellen. Auch bei kleinsten Sorten muß deshalb ein Abstand von mindestens 30 bis 40 cm eingehalten werden. Dieser vergrößert sich dann bei höheren Sorten bis ungefähr 1 m.

Sie werden sehen, daß die Dahlien hierfür dankbar sind und den ihnen zur Verfügung stehenden Raum ohne Schwierigkeiten nach kurzer Zeit ausfüllen. Auch der Blütenflor entwickelt sich dann üppiger.

Erstes Wachstum

Wenn Sie die Knollen in der Erde haben, zeigen sich bald die ersten Triebspitzen. Jede Knolle bringt zwei, drei Triebe hervor, meistens aber etliche mehr, die wir später reduzieren müssen. Das Austreiben dauert etwa drei bis vier Wochen, so daß auch für die im April ausgelegten Knollen keine Frostgefahr besteht. Sollten trotzdem einige zu frühe Triebe erscheinen oder sehr späte Fröste auftreten, können Sie die Pflanzstellen mit alten Blumentöpfen, Balkonkästen, Pappkartons, Obstkisten und anderem abdecken oder mit Erde anhäufeln.

Sollte Ihnen diese Arbeit aus Zeitgründen nicht gelingen, ist noch nicht alles verloren. Die letzten Fröste sind nicht mehr so stark. Die Triebe überleben meistens. Falls nicht, hat die Dahlienknolle genügend Reserven an neuen, weiteren Trieben, die noch geschützt in der Erde liegen und bei Bedarf nachgeschoben werden. Wenn Sie Dahlien im Gewächshaus vortreiben, wissen Sie, wie viele Triebe (Stecklinge) eine einzelne Knolle produzieren kann.

Die verschiedenen Dahlienknollen treiben zu sehr unterschiedlichen Zeitpunkten aus. Manchmal kann es sehr lange dauern, und dann darf man die Geduld nicht verlieren. Gelegentlich, aber sehr selten, kommt es vor, daß eine Knolle trotz aller Vorsichtsmaßnahmen überhaupt nicht austreibt. Dann muß man die nächststehenden Dahlien etwas üppiger wachsen lassen oder den leeren Platz mit einem Dahliensteckling (siehe Seite 85) oder einer anderen Pflanze ausfüllen, zum Beispiel einem »Fleißigen Lieschen« (*Impatiens*-Neu-Guinea-Hybride), einer Ringelblume *(Calendula officinalis)* oder einem anderen hübschen Dauerblüher.

Wenn die ersten Triebe aus der Erde gekommen sind, geht das Wachstum rasch voran. Die Triebspitzen entfalten sich sehr schnell und bilden bald die ersten Blättchen. Von Beginn an müssen Sie auf Schnecken- und eventuell auch auf Kaninchenfraß achten. Auch Blattläuse und anderes »Ungetier« können schon in diesem frühen Stadium auftreten.

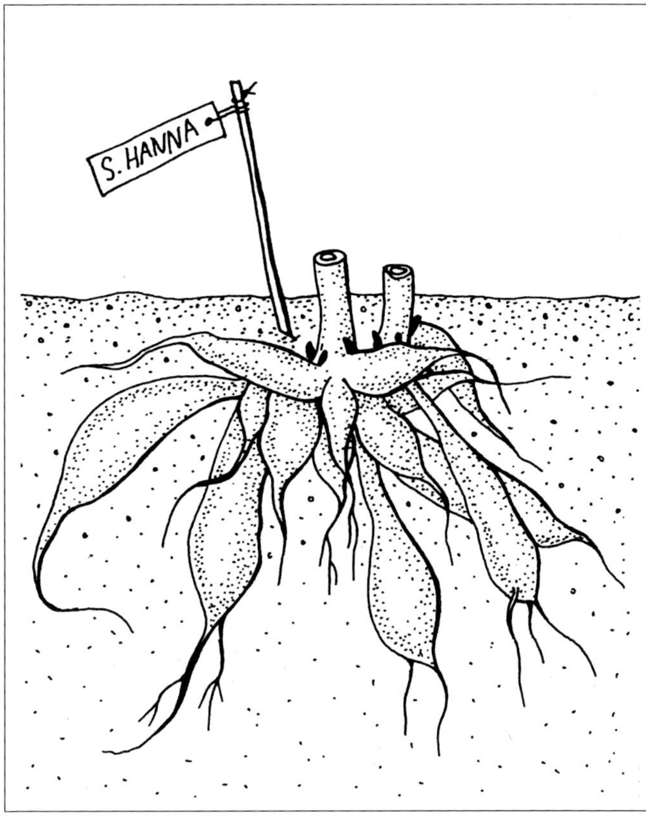

Die richtige Pflanztiefe ist für Dahlienknollen besonders wichtig. Der Wurzelhals muß etwa 5 cm hoch mit Erde bedeckt sein.

Wegen der Schnecken ist ein Mulchen mit Grasschnitt oder anderem frischen organischen Material nicht zu empfehlen, jedenfalls nicht, solange die Triebe noch klein sind.

Der Sommer

Aufbinden

Mit zunehmendem Wachstum unserer Dahlien ist neben dem regelmäßigen Beobachten und Bekämpfen eventueller Schädlinge und Krankheiten das Aufbinden eine der wichtigsten Arbeiten. Unsere heutigen Dahlien sind fast alles durchgezüchtete Hybriden, die mit den

Dahlien-Freunde erwarten im Frühjahr sehnlichst die ersten Triebe.

Ursprungssorten nicht mehr viel gemein haben. Wir haben kein unverfälschtes Stück Natur mehr vor uns, sondern eine Pflanze, die durch ständige Züchtertätigkeit für unsere Gartenzwecke verändert wurde.

Hierdurch entstanden viele neue Formen und Farben. Größe und Anzahl der Blüten konnten erheblich gesteigert werden. Gleichzeitig führte es aber auch dazu, daß die meisten unserer heutigen Dahlien kopflastig sind und nicht mehr alleine stehen können. Dies läßt sich leider nicht wegdiskutieren. Fast alle Sorten, die größer als kniehoch werden, müssen mehr oder weniger stark aufgebunden werden.

Ich glaube auch nicht, daß es gelingen wird, »wetterfeste« Dahlien zu züchten, jedenfalls nicht, wenn gleichzeitig die jetzige Blütengröße und Blütenzahl beibehalten werden soll. Dahlien haben außerdem ein üppiges, dichtes Blattwerk, das bei Wind und Regen einen starken Druck ausübt. Wenn man also nicht extrem starke und zum Verholzen neigende Stiele herbeiführen kann, wird eine generelle Standfestigkeit bei Erhaltung der heutigen Üppigkeit nicht zu erzielen sein.

Mit dem Aufbinden können Sie gar nicht früh genug beginnen. Je eher Sie die Triebe in die richtigen Bahnen lenken, um so besser wachsen sie und um so weniger Arbeit haben Sie später. Es ist äußerst mühevoll, große und durcheinander gewachsene Büsche wieder in Form zu bringen. Deshalb mein dringender Rat: Binden Sie Ihre Dahlien so früh wie möglich auf.

Hierfür verwenden Sie am besten Bambusstäbe. Diese sehen hübsch aus, sie sind stabil und elastisch. Als Bindematerial empfiehlt sich der handelsübliche grüne Kunstbast, der in einer praktischen Endlosrolle angeboten wird. Er läßt sich immer in passender Länge abschneiden. Naturbast ist nicht so haltbar und hat auch meistens gerade nicht die richtige Länge. Hanfseil ist für meinen Geschmack zu dick. Paketband, Wäscheleinen, Draht oder andere stillose Materialien wird hoffentlich niemand verwenden. Ob man Damenstrümpfe

Rechts: Große Blumen entwickelt die weiße Dekorative Dahlie 'Suffolk Spectacular'.

Weil die Dahlienstiele sehr große, schwere Blumen zu tragen haben, müssen die meisten Sorten sorgfältig aufgebunden werden.

einsetzen soll, muß jeder selbst entscheiden.

Wenn Sie es nicht schon vorher getan haben, müssen Sie sich spätestens beim Aufbinden entschließen, überschüssige Triebe abzuschneiden. Das tut weh, ich weiß es. Es hilft aber nichts. Man darf nicht alles, was aus der Erde kommt, wachsen lassen. Zu viele Triebe sind sich gegenseitig im Weg und behindern ein gedeihliches Wachstum. Man muß sich, je nach Sorte, für drei oder vier, vielleicht noch fünf der größeren Stiele entscheiden und alles andere wegschneiden. Bei kleineren Sorten kann man etwas mehr Triebe stehen lassen.

Brechen oder schneiden Sie beim Aufbinden auch ruhig einiges von dem nach innen wachsenden Laub und von den inneren Seitentrieben ab. Die Dahlie darf nach dem Aufbinden nicht eingeengt dastehen. Es muß eine Luftbewegung auch in der Mitte der Pflanze möglich sein.

Die Aufbindung muß regelmäßig kontrolliert werden. Bindematerial und Stab können nachgeben. Außerdem wachsen die Dahlien weiter und müssen höher aufgebunden werden. Es passiert auch immer wieder, daß bei stürmischem Wetter ganze Pflanzen mit Stab umwehen.

Wässern

Ausgewachsene Dahlien verbrauchen jeden Tag mehrere Liter Wasser. Wegen ihrer zahlreichen, dickfleischigen Knollen können sie bei Wassermangel eine gewisse Zeit überdauern. In ungünstigen Lagen oder bei längerer Trockenheit müssen wir sie jedoch mit erheblichen Wassermengen unterstützen. Dafür verwenden wir am besten die gute alte Gießkanne. Vom Regner halte ich nicht viel. Er verbraucht zuviel Wasser, und das Naß kommt meist auch nicht dorthin, wo es benötigt wird, nämlich an den Fuß der Pflanze.

Wenn Sie die Dahlien gießen, dann bitte auch ausreichend. Ein leichtes Überbrausen des Erdreichs nützt nichts. Jeder Pflanze sollten Sie eine, am besten zwei Gießkannen voll Wasser gönnen. Achten Sie deshalb darauf, daß die Dahlien nicht erhöht, sondern in einer leichten Mulde stehen. Sie können auch einen kleinen Gießrand anlegen, der das Wasser bis zum Einsickern zusammenhält.

Eine gute Methode ist das Wässern mit dem Gartenschlauch. Man legt den Schlauch einfach in das Dahlienbeet oder an die einzelne Pflanze und stellt ihn ganz schwach ein. Das Wasser kann dann, ohne wegzuspülen, in aller Ruhe ins Erdreich sickern. Der Schlauch wird alle 15 Minuten ein Stück weitergelegt.

Wenn Sie mit dem Schlauch oder der Gießkanne arbeiten, brauchen Sie auch keine Rücksicht auf die Tageszeit zu nehmen, weil Sie die Dahlien nur am schattigen Fuß wässern.

Bei anderen Methoden müssen Sie bei starker Sonneneinstrahlung auf die Morgen- oder Abendstunden ausweichen. (Es gibt leider immer wieder Barbaren, die in der prallen Mittagshitze ihre Dahlien sprengen oder abspritzen.) Die Pflanzen setzen während der strahlungsintensiven Mittagsstunden ihre Verdunstung herab und können dann durch eine kalte Dusche einen regelrechten Schock erleiden.

Ausputzen

Das Ausputzen ist eine Arbeit, die von vielen Gärtnern nicht oder nicht gründlich genug durchgeführt wird. So schnell und zahlreich die Blüten auf den Büschen erscheinen, so rasch verblühen sie auch.

Die alten Blüten dürfen wir dann nicht stehen lassen. Den dekadenten Charme verblühter Rosen kennen wir bei Dahlien nicht. Die Büsche sehen nur unordentlich und ungepflegt aus.

Sobald die Blüten ihren Höhepunkt überschritten haben, müssen wir sie entfernen. Dies muß so rechtzeitig geschehen, daß die Blütenblätter noch nicht angefangen haben, auf das grüne Laubwerk zu rieseln und dieses zu verkleben. Die Blätter sterben an den Stellen, auf denen die abgefallenen Blütenblätter sitzen, meistens ab.

Durch gründliches Ausschneiden fördern wir auch das Nachwachsen neuer Blüten und beugen dem vorzeitigen Verherbsten vor. Wenn Sie sorgfältig ausputzen und jeden Samenansatz vermeiden, zwingen Sie die Dahlie zum regelmäßigen Nachtreiben.

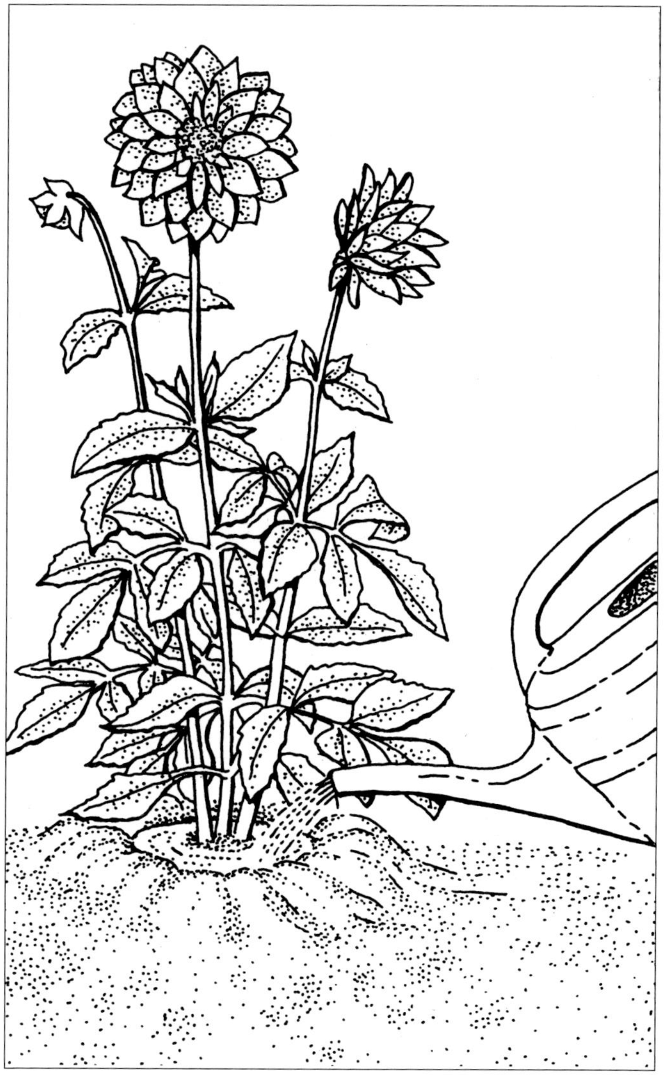

Ausgewachsene Dahlienpflanzen verbrauchen jeden Tag mehrere Liter Wasser. An heißen, trockenen Tagen ist deshalb kräftiges Wässern erforderlich.

Seien Sie deshalb nicht ängstlich mit dem Ausschneiden und versuchen Sie nicht, alte Blüten stehenzulassen, nur weil sie sich gerade noch halten. Kalkulieren Sie immer ein, wann Sie das nächste Mal in Ihren Garten kommen. Sind Sie länger abwesend, müssen Sie besonders gründlich vorgehen und rigoros auch solche Blüten bereits entfernen, die eigentlich noch gar nicht verblüht sind. Sie können sie ja Ihrer Nachbarin schenken.

Der Herbst

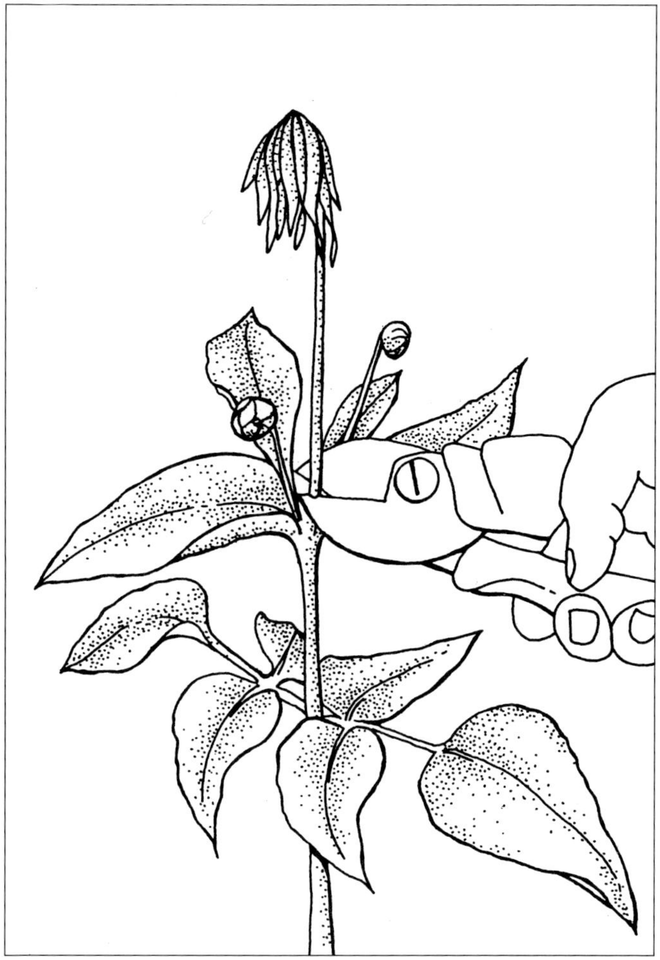

Wenn die Tage kürzer werden und der Herbst beginnt, fangen auch die Dahlien an, sich auf den Winter vorzubereiten. Die Gärtner unterscheiden Langtage und Kurztage. In den sogenannten Langtagen des Frühjahrs und Sommers, bei denen der lichte Tag länger als zwölf Stunden dauert, wird das oberirdische Wachstum der Dahlien gefördert. Wenn Ende September die Kurztage beginnen (der lichte Tag ist kürzer als elf bis zwölf Stunden), läßt dieses Wachsen allmählich nach. Die Blüten werden schließlich kleiner und blasser und sind oft nicht mehr gefüllt. Demgegenüber wird das Wachstum der Knollen verstärkt bzw. eingeleitet. Dahlien reagieren auf die Dauer des Lichteinfalls. Die Botaniker sprechen von photoperiodischen Reaktionen.

Auch die ersten Fröste sind für die Dahlien ein Signal, verstärkt Reservestoffe in die Knollen einzulagern. Wenn wir also ausgewachsene, gesunde Knollen erzielen wollen, die für die Winterpause gerüstet sind, müssen wir sie so lange wie möglich in der Erde lassen. Man muß mit dem Wetter und den Terminen regelrecht pokern. Am besten läßt man die Knollen nach dem ersten Frost noch für ein oder zwei Wochen in der Erde. Dies klappt meistens, weil auf die ersten Frostnächte fast immer eine längere Zeit ohne Minusgrade folgt.

Das Ausgraben beginnt etwa Ende Oktober. Auch wenn ausnahmsweise kein Frost eintritt, sollten bis Ende November alle Dahlien im Hause sein. Auch ohne Frost behagt es ihnen in der immer feuchter und kälter werdenden Erde nicht. Gelegentlich gelingt es einigen Gartenfreunden, ihre Dahlien im Garten – ohne Ausgraben – durch den Winter zu bringen. Das sind aber die Ausnahmen, und so ein lässiges Vorgehen sollte auch aus anderen Gründen nicht sein: Wir haben dann nämlich keine Möglichkeit, die Dahlienbeete zu säubern und für die nächste Saison vorzubereiten. Wir können die Knollen nicht auf Krankheiten kontrollieren, und wir können vor allem im Frühjahr die Knollen auch nicht teilen. Ein ordentlicher Gärtner holt deshalb im Herbst alle Dahlien aus der Erde.

Die oberirdischen Teile der Dahlien erfrieren bei den ersten Minusgraden sehr schnell. Die Pflanzen stehen dann traurig – wie abgekocht – im Garten und warten auf das Ausgraben. Dieses ist oft recht mühsam. Wir müssen die Stiele eine Handbreit über dem Boden abschneiden und die Knollen sodann – vorsichtig – mit dem Spaten oder der Grabegabel ausheben. Seien Sie nett zu

Oben: Sollen die Dahlien dauerhaft bis zum Spätherbst blühen, müssen verblühte Blumen regelmäßig ausgeschnitten werden. Es empfiehlt sich, beim Ausputzen immer sehr gewissenhaft vorzugehen.

Links: Dunkles Laub besitzt die Dekorative Dahlie 'Suffolk Punch', die in einem seltenen Violettrot blüht.

Im Spätherbst müssen die frostempfindlichen Knollen aus der Erde geholt und ins Winterquartier gebracht werden.

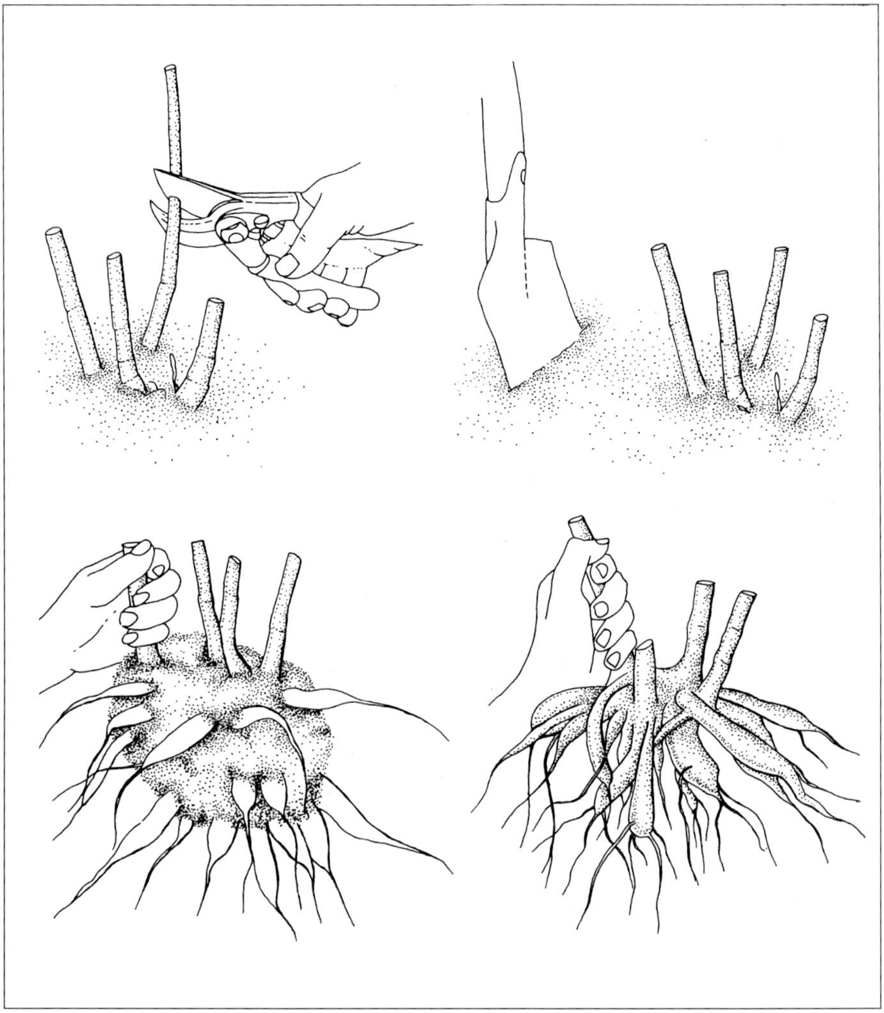

Ihren Dahlien und erledigen Sie diese Arbeit mit Liebe und Sorgfalt. Die Knollen haben sich meistens vergrößert. Wir müssen deshalb den Spaten weiträumig ansetzen und aufpassen, daß nicht zu viele Knollenstücke im feuchten und schweren Erdreich abbrechen. Nach dem Ausgraben lassen wir die Knollen, wenn das Wetter es zuläßt, etwas abtrocknen und entfernen anhaftende Erde. Ein Abwaschen der Knollen ist unschädlich, aber nicht erforderlich. Ist das Winterquartier sehr trocken, sollten wir lieber etwas Erde an der Knolle lassen.

Der Winter

»Der Winter ist ein rechter Mann, kernfest und auf die Dauer. . .«, heißt es in einem Gedicht von Matthias Claudius. Diese Einschätzung wird von den Dahlien geteilt. Wir müssen sie während der kalten Jahreszeit ins Winterquartier holen und frostfrei aufbewahren.

Ein frostfreier Raum genügt allein jedoch noch nicht. Das Quartier darf nicht zu warm, zu trocken oder zu feucht sein. Eine Temperatur von etwa 4 bis 10 °C und eine ausreichende Luftfeuchtigkeit sind erforderlich. Vor allen

Dingen muß stets frische Luft vorhanden sein.

Der ideale Ort ist der traditionelle Keller – ohne Heizungsanlage. Dort wo wir Kartoffeln, Äpfel und Einmachgläser aufbewahren können, fühlen sich auch Dahlienknollen wohl. Die Garage, das Gewächshaus oder ein Dachboden tun es auch. Sie müssen die verschiedenen Räumlichkeiten ausprobieren.

Für die Verpackung der Dahlien werden verschiedene Methoden empfohlen, die an sich alle brauchbar sind. Es wird nur meist verschwiegen, daß es hierauf gar nicht ankommt, wenn man einen geeigneten Raum zur Verfügung hat. Dort können Sie die Dahlien – auch ohne Verpackung – einfach lose auf den Boden oder in ein Regal legen.

Befindet sich der Überwinterungsraum aber nicht in einem Idealzustand, müssen Sie etwas für Ihre Dahlien tun. Man kann sie sehr praktisch in Folienbeuteln unterbringen, die mit Hobelspänen gefüllt und mit Luftlöchern (!) versehen sind. Gut geeignet sind auch Kisten, in denen die Knollen mit nicht zu trokkenem Torfmull, mit leichter Erde (Kompost) oder grobem Sand (nur wenig) abgedeckt werden. Jeder muß sein eigenes System entwickeln. Ich benutze seit zwanzig Jahren große Obstkisten, die mit Zeitungspapier ausgelegt und mit trockenem Laub gefüllt werden. Hierin fühlen sich die Knollen sehr wohl. Ich habe auch den Eindruck, daß das Laub (zum Beispiel Eichenlaub) eine leicht desinfizierende und konservierende Wirkung hat.

Sehr wichtig ist, daß Sie die Knollen mit Etiketten nach Farben und Größen oder mit Sortennamen kennzeichnen. Wer mehr als drei oder vier verschiedene Sorten hat, bringt diese sonst im Frühjahr garantiert durcheinander.

Während des Winters müssen Sie Ihre Bestände in gewissen Abständen kontrollieren. Gelegentlich tritt an den Knollen Fäulnis auf (Braun- oder Lagerfäule). Es handelt sich um Pilzerkrankungen *(Sclerotinia sclerotiorum* und *Botrytis cinerea)*, die die ganze Knolle oder Teile davon befallen können (siehe Seite 80). Die betroffenen Stellen müssen ausgeschnitten und die Schnittstellen mit einem Fungizid behandelt werden. Ob man sich allerdings diese Mühe machen sollte, erscheint mir zweifelhaft. Ich selbst gehe kein Risiko ein und befördere derartige Knollen sofort in den Mülleimer. (Nicht auf den Kompost, weil dort die Sporen der Krankheitserreger überdauern können.)

Trocknen alte Stengel ein oder verfaulen sie, ist dies dagegen meistens ungefährlich und führt nicht unbedingt zur Erkrankung der Knolle selbst. Trotzdem ist Vorsicht geboten.

Wenn Sie alle zuvor erörterten Arbeiten erledigt haben, besteht eigentlich kein Grund, weshalb Sie Ihre Dahlien nicht gesund durch den Winter bringen sollten. Mehr können Sie nicht tun. Sie könnten sich allenfalls etwas von Ihrem Weihnachtsgeld zurücklegen, um im Frühjahr neue Pflanzen zu kaufen, falls sich einige Dahlien Ihrer Mühe unwürdig erweisen und eingehen sollten.

Pflanzenschutz bei Dahlien

Obwohl Dahlien im Vergleich zu vielen anderen Zierpflanzen robust und wenig anfällig sind, haben wir auch bei ihnen gelegentlich mit Krankheiten und Schädlingen zu kämpfen. Im Rahmen dieses Buches können jedoch nicht alle Plagegeister und deren Bekämpfung dargestellt werden. Informieren Sie sich hierüber in der sehr umfangreichen Spezialliteratur, zum Beispiel in dem informativen Buch von Marie-Luise Kreuter, »Der Bio-Garten«, das viele brauchbare Tips für naturnahe Vorbeuge- und Bekämpfungsmaßnahmen enthält.

Hier können nur die speziell bei Dahlien häufiger auftretenden Probleme behandelt werden. Dabei gilt zunächst, wie überall im Garten, der Grundsatz: »Vorbeugen ist besser als Heilen.« Sorgen Sie für optimale Wachstumsbedingungen. Gesunde, ausreichend ernährte Pflanzen sind widerstandsfähiger als schwache und kränkelnde Exemplare. Ein lockerer, humushaltiger Boden ist ebenso wichtig wie eventuell noch erforderlich werdender Dünger. Wichtigste Voraussetzung ist der richtige Standort, ein Punkt, der leider immer wieder vernachlässig wird.

Fördern Sie insbesondere das »biologische Gleichgewicht«. Spritzen Sie nicht alles tot, was sich in Ihrem Garten bewegt. Lassen Sie die natürlichen Feinde der »Schädlinge« am Leben. Verwenden Sie unter keinen Umständen Herbizide. Wer nicht bereit ist, sein Unkraut mit Hacke und Grubber selbst zu entfernen, darf nicht den Ehrentitel des Gärtners für sich in Anspruch nehmen. Hängen Sie Vogelkästen auf. Haben Sie keine Angst vor Hummeln, Wespen, Bienen oder Hornissen. Schaffen Sie Überwinterungsmöglichkeiten für Igel und Insekten.

Benutzen Sie, soweit möglich, die zahlreichen biologischen Tricks zur Schädlingsbekämpfung, auch wenn diese – kurzfristig gesehen – nicht so wirksam sind wie chemische Mittel. Es gibt spezielle Firmen, die ein recht umfangreiches »Bio-Programm« mit vielen natürlichen und ungefährlichen Präparaten anbieten, zum Beispiel die bekannte Firma Neudorff aus Emmerthal. Vielleicht sollte man auch seine »Toleranzschwelle« höher setzen und einige Löcher und Fraßstellen, vielleicht auch gelegentlichen Minderwuchs, im Interesse weitgehender Chemie-Freiheit in Kauf nehmen.

Schädlinge

Blattläuse

Blattläuse, grüne und schwarze, gehören neben den Schnecken zu den ersten ungebetenen Gästen im Dahliengarten. Sie wären, sofern sie nicht in Massen auftreten, an sich nicht sonderlich gefährlich, wenn sie nicht durch ihre Saugtätigkeit an den Pflanzen die gefürchteten Virus-Erkrankungen übertragen würden. Man muß also, ob man will oder nicht, etwas gegen sie tun.

In professionellen Betrieben und bei Privatgärtnern, die keinerlei Risiko eingehen wollen, wird deshalb regelmäßig, auch schon vorbeugend, mit einem systemischen Mittel, zum Beispiel »Metasystox«, gespritzt. Dabei handelt es sich um chemische Gifte, die nicht nur unmittelbar beim Spritzen wirksam sind, sondern die in den »Kreislauf« der Pflanze eindringen und dort verbleiben. Auch später, also nach dem Spritzen, anfallende Schädlinge werden so erreicht. Diese »chemische Keule« hilft garantiert, tötet aber bei direktem Kontakt auch andere Insekten und schädigt Insektenfresser wie zum Beispiel Vögel, die sich von Insekten ernähren.

Ein Kompromiß kann das Spritzen mit pflanzlichen, abbaubaren Giften, zum Beispiel Pyrethrum, sein. Diese Spritzungen wirken aber nur durch unmittelbaren Kontakt; das Gift dringt nicht in den Kreislauf der Pflanze ein. Die Spritzungen müssen häufiger wiederholt werden.

Schnecken

Nur die Nacktschnecken (ohne Haus) sind gefährlich. Diese kriechen im Schutz der Dunkelheit heran, fressen die jungen, frischen Triebe und verschwinden wieder vor Tagesanbruch. Sie können großen Schaden anrichten. Wenn alle anderen, harmlosen Mittel wie Bierfallen, Schneckenzäune oder Bretter versagen, muß man eventuell zum Schneckenkorn greifen. Sehr hilfreich ist es allerdings auch, die Umgebung der Dahlien von Unkraut, Rasenschnitt, Unrat usw. freizuhalten, damit die Schnecken keinen Unterschlupf finden.

Blattwanzen

Diese Schädlinge bekommt man selten zu Gesicht, weil sie sich bei der geringsten Erschütterung blitzschnell verkriechen oder fallen lassen. Ausgewachsene Exemplare besitzen Flügel und können sich dadurch schnell entfernen. Um so deutlicher sieht man die Schadstellen. Blattwanzen saugen an jungen Trieben und Knospen und hinterlassen Bißstellen, die sich beim weiteren Wachstum vergrößern. Blätter und Blüten sehen zerfressen aus und können regelrecht verkrüppeln.

Die Schäden sind manchmal erheblich. Ich habe in meinem Garten viel mit Blattwanzen zu tun. Eine sichere Hilfe bringen, wie bei den Blattläusen, eigentlich nur systemische Mittel, die rechtzeitig ausgebracht werden müssen.

Ohrwürmer

Der Ohrwurm, Ohrenkriecher oder Ohrenkneifer *(Forficula auricularia)*, mit dem Kneifer am Schwanz, richtet gelegentlich Schäden, insbesondere bei Blüten an. Andererseits zählt er aber auch zu den Nützlingen, weil er unter anderem Blattläuse vertilgt. Eine Bekämpfung mit chemischen Mitteln sollte man gar nicht erst in Betracht ziehen; der Schaden wäre größer als der Nutzen.

Manche Gärtner fördern im Gegenteil diesen Gast durch Aufstellen oder Aufhängen von umgedrehten Blumentöpfen, die mit Holzwolle oder Stroh gefüllt werden.

Rote Spinne

Wesentlich unangenehmer kann in heißen und trockenen Sommern eine Spinnmilbe, die »Rote Spinne«, werden. Sie ist zwar keine eigentliche Spinne, hinterläßt aber an den Blättern, meist auf der Blattunterseite, Gespinste, die ihr diesen Namen eingebracht haben. Die Tiere selbst kann man mit dem bloßen Auge gerade noch als kleine rötliche oder bräunliche Punkte erkennen. Sie saugen an den Blättern, diese vergilben und sterben ab.

Bei starkem Befall wird die ganze Pflanze in Mitleidenschaft gezogen. Man kann diesen Schädling durch regelmäßiges Besprengen mit Wasser vertreiben, wenn man keinerlei Spritzungen mit Pflanzenschutzmitteln vornehmen möchte.

Krankheiten

Pilzerkrankungen

Hier ist zuerst die **Blattflecken-Krankheit** zu nennen, die durch den Pilz *Eutyloma dahlia* hervorgerufen wird. Zuerst werden die unteren Blätter vom Boden aus durch Sporen infiziert. Es entstehen kleinere gelbe Flecken, die größer werden und schließlich das ganze Blatt braun werden lassen und zum Absterben bringen. Die Blätter müssen sofort entfernt werden. Man kann zusätzlich mit einem Fungizid spritzen, was aber für den Privatgärtner nicht unbedingt erforderlich ist.

Eine weitere Pilzerkrankung, die **Stengelfäule** *(Sclerotinia)*, kann insbesondere die Stengel befallen. Diese werden schließlich schwarz; das Wachstum der ganzen Pflanze ist erheblich eingeschränkt. Hier hilft nur das rigorose Entfernen der betroffenen Teile, am besten der ganzen Pflanze. Auf die hierdurch hervorgerufene Lagerfäule wurde bereits hingewiesen (siehe Seite 77).

Zunehmend Kummer macht den Dahlienfreunden der **Echte Mehltau**. Diese Pilzerkrankung hat insbesondere in süddeutschen Gegenden in letzter Zeit erheblich zugenommen. Auf der Oberseite der Blätter bildet sich ein weißlicher Belag; die Pflanze wird im weiteren Wachstum erheblich geschädigt. Eine Bekämpfung kann mit den handelsüblichen Mitteln vorgenommen werden, zum Beispiel mit »Saprol«. Durch diese Mittel werden, was die meisten nicht wissen, Tiere und Insekten nicht direkt geschädigt.

Bakteriosen

Weniger gefährlich, weil seltener, sind Krankheiten bzw. Wucherungen an Knollen, die durch verschiedene Bakterien verursacht werden. Wir kennen drei Formen: den »Krebs« (Erreger ist *Agrobacterium tumefaciens*), die Gallenbildung (»Blumenkohl«) auf der Knolle *(Corynebacterium fascians)* und die Welkekrankheit bzw. Weichfäule der Knolle *(Erwinia chrysanthemi)*. (Dazu auch Jahrbuch der DDFGG 1981, Seite 42, und 1987, Seite 86).

Bakterienerkrankungen kann man kaum behandeln. Man muß die befallenen Knollen aussortieren.

Virosen

Die gefährlichsten »Schädlinge« sind zugleich auch die kleinsten, nämlich verschiedene Viren, die Jahr für Jahr erheblichen Schaden anrichten. Sie lassen sich ebenfalls nicht direkt bekämpfen. Dieser heimlich schleichende Feind der Dahlie hat schon manches Züchterherz bluten lassen. Immer wieder müssen vielversprechende Neuzüchtungen zurückgezogen werden, weil sich bei der Erprobung und Sichtung »Virus« zeigt, wie diese Krankheit – in Kurzfassung – allgemein genannt wird. Manchmal stellt sich auch erst nach längerer Zeit heraus, daß bestimmte Sorten besonders anfällig sind und deshalb aus dem Sortiment wieder herausgenommen werden müssen. Als Beispiel sei auf die Sorte 'Nymphenburg' verwiesen, eine besonders schöne, pastellfarbene Seerosen-Dahlie aus Holland.

Dahlien, die von Viren befallen werden, sind nicht mehr zu retten. Es gibt resistente Sorten bzw. solche, die keine Krankheitssymptome zeigen. Im allgemeinen muß man aber bei allen Dahlien mit einer möglichen Infektion rechnen. Viren werden hauptsächlich durch saugende Insekten (Blattläuse und Thripse) übertragen. Aber auch beim Schneiden von Schnittblumen und Stecklingen können Viren mit dem Pflanzensaft, der dem Messer anhaftet, von einer kranken auf eine gesunde Pflanze übergehen. Glücklicherweise erfolgt keine Infizierung und Übertragung über den Boden.

Die Virus-Forschung ist noch nicht abgeschlossen. Wahrscheinlich kommen drei, eventuell vier Viren in verschiedenen Typen in Betracht. Viren treten fast immer in Form einer Mischinfektion – mit unterschiedlichen Schadbildern – auf, wodurch alles noch komplizierter und schwieriger wird. Wir kennen an Dahlien das Dahlien-Mosaik-Virus (Stauche-Krankheit), das Gurken-Mosaik-Virus (Bleichflecken-Krankheit) und das Tomaten-Virus (Ringflecken-Krankheit).

Die Krankheitssymptome sind vielfältig und unterschiedlich. Die Blätter werden blaß, gelblich-grün; es treten Flekken und Muster auf. Die Blätter kräuseln sich und sehen teilweise aus, als ob sie Blasen hätten. Vor allen Dingen aber wird – hauptsächlich bei einem Befall mit dem Dahlien-Mosaik-Virus – das Wachstum erheblich behindert. Die Pflanze erreicht oft nur ein Drittel oder Viertel der normalen Höhe. Auch die Blüten zeigen einen starken Minderwuchs.

Befallene Dahlien können nicht mehr geheilt werden. Das Virus kann sich auch nicht, wie manche meinen, »auswachsen«. Betroffene Pflanzen geben das Virus über ihre Stecklinge und über die abgeteilten oder neu gebildeten Knollenstücke weiter. Sie infizieren obendrein ihre Nachbarpflanzen. Es gibt deshalb, auch wenn sich der Befall zunächst noch in Grenzen hält, nur die Möglichkeit, die betroffene Dahlie sofort zu entfernen. Sie gehört dann auch nicht auf den Komposthaufen, sondern in die Mülltonne – am besten auf die Sondermüll-Deponie. Dieses Aussortieren muß sofort erfolgen und nicht erst am Ende der Saison.

Unkraut

Dieses Thema wird oft diskutiert. Schon der Begriff als solcher ist für viele ein Reizwort: Wieso ist der Löwenzahn oder ein Gänseblümchen im Rasen ein »Un-Kraut«? Sollte man nicht besser von »Wildkräutern«, »Spontanvegetation« oder »Begleitgrün« sprechen? Viele verweisen auch darauf, daß die Bekämpfung der auf Kulturflächen frei wachsenden Kräuter und Gräser immer mehr das sowieso schon geschädigte »biologische Gleichgewicht« beeinträchtige.

Diese Diskussion nützt uns aber wenig. Es handelt sich um eine rein gärtnerische Zweckbestimmung. »Unkraut« ist immer dann gegeben, wenn eine Pflanze dort wächst, wo sie nicht stehen soll. Auch eine Rose im Kartoffelacker ist deshalb »Unkraut«.

Wir Dahliengärtner haben mit diesem Problem ohnehin nicht so viel zu tun. Da Dahlien jedes Jahr neu ausgepflanzt und im Herbst wieder aus der Erde geholt werden müssen, werden die entsprechenden Flächen stets bewegt und gelokkert. Tiefwurzelnde Unkräuter können wir verhältnismäßig einfach entfernen – besser als bei den mehrjährigen Staudenbeeten, wo die Unkräuter in die Wurzelballen der Pflanzen eindringen und kaum zu bekämpfen sind.

Auch während der Blühsaison brauchen wir uns um das Unkraut nicht sonderlich zu kümmern. Dahlien entwik-

Wenn die Dahlienpflanzen noch niedrig sind, müssen hartnäckige oder schnellwachsende Unkräuter gründlich entfernt werden.

keln ein recht umfangreiches Blattwerk, welches den Boden beschattet und dem Unkraut kaum Chancen läßt. Außerdem sind die Dahlien dann auch bereits so hoch, daß sie sich vom Unkraut nicht mehr unterkriegen lassen. Wenn es sich nicht gerade um besonders hartnäckige Vertreter wie Quecken, Giersch, Ackerwinde oder Franzosenkraut handelt, braucht man sich in diesem Stadium keine großen Sorgen mehr zu machen.

Zu Beginn der Saison, wenn die Dahlien noch kleiner sind, sollte man das Unkraut dagegen gründlich entfernen, wobei ich davon ausgehe, daß Sie diese Arbeit mit dem Grubber und in Handarbeit verrichten und nicht etwa auf die Idee kommen, Herbizide einzusetzen.

Tips für Fortgeschrittene

Wir haben uns bisher nur mit dem Auspflanzen und der Kultur von Knollen beschäftigt. Dies stellt für den Privatgärtner auch die sicherste und einfachste Kulturmethode dar.

Der Dahlienfreund kann aber durchaus noch einiges mehr tun. Zu den Feinheiten der Dahlienkultur zählen vor allem die Vermehrung durch Stecklinge und Samen, das Stoppen und das Ausbrechen bzw. Auskneifen der Pflanzen. Diese Maßnahmen sind erforderlich, wenn man besonders große und schöne Blüten erzielen will. Für die Stecklingsvermehrung sollte allerdings ein eigenes Gewächshaus zur Verfügung stehen. Dort sind die Bedingungen ideal. Der Wintergarten oder ein anderer heller Ort des Hauses genügen möglicherweise aber auch.

Vermehrung durch Samen

Jährlich werden von den professionellen Züchtern – gelegentlich auch von Amateuren – neue Sorten herausgebracht und auf Ausstellungen oder in Katalogen vorgestellt. Diese Arbeit ist an sich nicht übermäßig schwierig, erfordert aber gewisse Sachkenntnisse und vor allem Ausdauer. Man benutzt hierfür diejenige Vermehrungstechnik, die wir bisher noch nicht besprochen haben, nämlich die Entstehung von Dahlien durch Samen.

Bei der Knollenteilung und Stecklingsgewinnung handelt es sich um eine ungeschlechtliche, **vegetative Vermehrung**. Wir erhalten hierdurch immer wieder gleiche Pflanzen, weil das Genpotential identisch bleibt. Die schon vorhandenen und auf dem Markt erhältlichen Sorten werden immer auf diese Weise vermehrt.

Neue Sorten gewinnt man dagegen nur durch eine Änderung der Erbanlagen, was wiederum nur durch die geschlechtliche, **generative Vermehrung** möglich ist. Hierzu wird von den in Betracht kommenden Dahlien Samen gewonnen und im nächsten Jahr ausgesät. Aus Tausenden von Sämlingen werden dann einige wenige brauchbare neue Sorten herausgesucht und weitervermehrt, wozu große Erfahrung und der berühmte »grüne Daumen« gehört.

Die Bestäubung erfolgte dabei in früheren Jahren überwiegend durch gezielte Übertragung von Blütenstaub auf ei-

Die großblumige Ball-Dahlie 'Kenora Fireball' wird ihrem Namen in jedem Fall gerecht.

ne andere Blüte. Diese mußte dann gegen eine weitere, zufällige Bestäubung abgeschirmt werden. Auf diese Weise konnte man bestimmte Elternpflanzen zusammenbringen, man nennt das Kreuzen.

Heute überläßt man diese Arbeit weitgehend Mutter Natur. Hierbei kennt man dann nur die Mutterpflanze, der man den Samen entnimmt. Die Bestäubung erfolgt durch Insekten mit Blütenstaub von anderen Sorten. Diese Art der Bestäubung kann man dann in Bezug auf die Vaterpflanzen nicht mehr steuern. Durch diese »Zufallstreffer« erhält man aber ebenfalls viele gute, neue Sorten.

Bei der Aussaat von Samen entstehen stets von der Mutterpflanze abweichende Sorten. Dahlien sind nämlich nicht sortentreu. Es sind aus ständigen Kreuzungen verschiedener Arten und Sorten hervorgegangene Hybriden, deren Samen stets wieder genetisch aufspalten; die Nachkommen sehen also alle unterschiedlich aus.

Trotzdem finden sich in zunehmendem Maße Dahliensamen im Angebot der Saatguthandlungen. Dabei handelt es sich überwiegend um niedrige, ungefüllte oder halbgefüllte Pflanzen, die oft eine bunte Mischung verschiedener Farben ergeben. Es gibt inzwischen aber auch etliche Sorten, die eine gewisse Konstanz in Form und Farbe haben. Wer Spaß daran hat, sollte es einmal versuchen.

Stecklingsvermehrung

Die Vermehrung durch Stecklinge ist eine sehr interessante und auch praktische Sache. Man kann so richtig nach Herzenslust gärtnern und wie die Profis alles für die große Dahlienschau im Garten vorbereiten. Man braucht auch nicht so viele Knollen durch den Winter zu bringen, sondern kann sich auf einige wenige gesunde Exemplare beschränken. Außerdem hat man die Möglichkeit, von einer Sorte, die einem besonders am Herzen liegt oder von der man nur noch ein oder zwei Knollen zur Verfügung hat, beliebig viel Nachwuchs zu erzielen. Knollen produzieren je nach Sorte 10, 20, 30 und auch mehr Stecklinge. 50 Stecklinge, aus einer einzigen Knolle gewonnen, sind keine Seltenheit.

Die umfangreichen Dahlienbeete in Parks und auf Ausstellungen, zum Beispiel den Bundesgartenschauen, bestehen fast immer aus angelieferten Stecklingspflanzen. Die Erwerbsgärtner und Zuchtbetriebe arbeiten überwiegend damit. Jahr um Jahr werden in großen Gewächshäusern erhebliche Stückzahlen produziert, die zur Gewinnung der im nächsten Jahr zu verkaufenden Knollen ausgepflanzt werden. In einem mittelgroßen Betrieb in Deutschland werden zum Beispiel in jedem Frühjahr rund 25 000 Stecklinge hergestellt. Die Niederlande exportierten nach offizieller Statistik im Jahre 1981/82 allein in die Bundesrepublik Deutschland 16,2 Millionen Dahlienknollen. Der Gesamtexport unserer fleißigen Nachbarn betrug im gleichen Jahr 48,4 Millionen Dahlienknollen!

Stecklinge wachsen im Laufe des Jahres zu vollständigen Dahlienpflanzen heran. Sie besitzen im Herbst voll ausgebildete Knollen, die im Frühjahr wieder ausgepflanzt werden können. Wenn Sie in einem Gartencenter die in Plastiktüten mit Farbbild verpackten Dahlien kaufen, haben Sie fast immer Knollen vor sich, die im Vorjahr aus Stecklingen gewonnen wurden. Diese einjährigen Knollen sind kleiner als mehrjährige ausgewachsene Landknollen. Sie sollen es aus Gründen der Verpackung auch sein und werden in den großen Herstellungsbetrieben durch entsprechende Anbaumethoden künstlich klein gehalten. Sie sind aber deswegen nicht von minderer Qualität und bringen im Sommer vollwertige Pflanzen. Man muß nur darauf achten, daß die Knollen nicht allzu klein geraten sind und daß man ein zusammenhängendes Stück und keinen »Krümelkram« erhält. Am besten bestellen Sie die gewünschten Dahlien-Knollen beim Fachmann.

Gewinnung von Stecklingen

Für die Gewinnung von Stecklingen nutzen wir die Fähigkeit der Knolle aus, eine Vielzahl von Trieben produzieren und immer neue Sprossen bilden zu können, wenn die vorangegangenen abgenommen werden. Außerdem müssen wir die Knollen animieren, früher als normal mit dem Austreiben zu beginnen.

Hierzu setzen wir sie bereits ab Februar, eventuell auch schon Ende Januar, im Gewächshaus in Kisten oder Beete, die wir zur Hälfte mit einem Fertigsubstrat (zum Beispiel TKS 1 mit etwas Sand) oder leichter Erde füllen. Das Substrat müssen wir mit temperiertem Wasser gleichmäßig feucht halten. Die Knollen werden nur so tief eingesetzt, daß der Wurzelhals frei bleibt, weil wir von dieser Stelle die späteren Stecklinge abnehmen. Die alten Stiele werden gut eingekürzt und dünne, lange Wurzeln, sofern noch vorhanden, von den Knollen entfernt.

Die Temperatur im Gewächshaus sollte etwa 15 °C betragen. Ideal ist es, wenn wir die Beete oder Kisten mit einer Mattenheizung oder ähnlichem zusätzlich auch von unten erwärmen können. Wenn die Knollen warme Füße haben, treiben sie am besten aus.

Nach wenigen Wochen – die Dauer kann sehr unterschiedlich sein – zeigen sich die ersten Augen, die sich dann in zwei, drei weiteren Wochen zu Trieben, den Stecklingen, entwickeln. Wenn diese gut fingerlang sind und zwei oder drei Blattpaare bzw. Blattknoten (Nodien) gebildet haben, nehmen wir sie mit einem scharfen Messer oder einer Rasierklinge vorsichtig und unmittelbar an der Knolle ab. Die später an der gleichen Stelle neu nachwachsenden Triebe können wir dann auch abreißen oder abzupfen.

Hat der Steckling bereits zuviel Laub ausgebildet, können wir die Blättchen einkürzen, um die Verdunstung zu reduzieren. Schließlich hat der Steckling noch keine Wurzeln, die Feuchtigkeit aufnehmen können, so daß zuviel Blattmasse einen zu hohen Wasserverlust bedeuten würde. Haben wir den Steckling nicht unmittelbar an der Knolle abtrennen können, sollten wir auch den Stiel bis direkt unter die nächste Blattachsel einkürzen. Die Stecklinge tupfen wir in ein Bewurzelungshormon (zum Beispiel »Wurzelfix«, »Rhizopon« oder »Chrysal«), das die Wurzelbildung beschleunigen soll. Ob diese Mittel helfen, ist wahrscheinlich Glaubenssache. Auch ohne Hormone wachsen die Stecklinge gut an.

Als Substrat verwenden wir am besten wieder Einheitserde oder TKS 1; diese Erden werden bereits leicht gedüngt und aufgekalkt ausgeliefert. Wir »verdünnen« das Substrat noch zu gleichen Teilen mit mittelfeinem Sand. Die Mischung muß »mager«, sprich nährstoffarm, sein; die Stecklinge sollen zunächst nur Wurzeln bilden. »They must hunt for food and water«, sagen die angelsächsischen Dahliengärtner. Reiner Torfmull ist ungeeignet, weil er zu sauer ist.

Die Stecklinge kommen in flache Kisten oder gleich in kleine Töpfe. Die Temperatur sollte jetzt etwa 20 °C betragen. Außerdem müssen wir für »gespannte Luft« sorgen, indem wir die Stecklinge in ein fertig gekauftes Minitreibhaus stellen oder sie einfach mit Folie abdecken, um die Luftfeuchtigkeit über dem Blattwerk möglichst hoch zu halten. Wir müssen die Stecklinge ebenfalls vor zu starker Sonneneinstrahlung schützen. Stecklinge dürfen niemals austrocknen. Deshalb stets die Feuchtigkeit kontrollieren!

Nach etwa 10 bis 14 Tagen sind die Stecklinge so weit bewurzelt, daß wir sie aus der Kiste in Töpfe umpflanzen können. Man sollte vorsichtshalber aber noch eine weitere Woche abwarten. Sie benötigen jetzt etwas Nährstoffe. Deshalb verwenden wir nun TKS 1 oder Einheitserde ohne Sandzusatz. Waren die Stecklinge bereits eingetopft, wer-

Rechts: Knollen kann man im Gewächshaus vortreiben: Die Knolle bildet zahlreiche Triebe aus, die als Stecklinge abgenommen und weiterkultiviert werden können.

Unten: Die vorgetriebenen Stecklinge sind groß genug, um vorsichtig von der Knolle getrennt zu werden.

den sie in größere Töpfe – und ebenfalls in ein Substrat ohne Sandzusatz – umgepflanzt.

Die Stecklinge wachsen jetzt schnell in die Höhe. Wir müssen für ausreichend Wärme, Licht und Feuchtigkeit sorgen, wobei die Einhaltung genauer Temperaturen nicht mehr so wichtig ist. 20 °C sind nicht unbedingt erforderlich. Manche Gärtner bringen die nunmehr bewurzelten Stecklinge in ein nicht zu warmes Gewächshaus oder sogar nach draußen in ein frostfreies, abgedecktes Frühbeet. Bei passendem Wetter können wir sie auch abhärten, indem wir sie zeitweilig ins Freie stellen. Die »Abhärtung« erfolgt natürlich nicht gegen den Frost, sondern gegen die Widrigkeiten der Witterung wie Tau, Regen, Wind und wechselnde Bedingungen. Auch Stecklinge können einen Sonnenbrand bekommen.

Werden Stecklinge blaß oder gelb, muß nicht unbedingt eine Krankheit vorliegen. Es kann auch Nahrungsmangel sein. Wir können mit – genau dosiertem – Flüssigdünger nachhelfen. Kommen Ihnen einige Stecklinge dagegen eindeutig krank vor (es kann ein Virusbefall vorliegen), bitte rigoros aussortie-

Stecklingspulver, das ein Bewurzelungshormon enthält, fördert die Wurzelbildung der Stecklinge. Die Schnittstelle wird nur ganz leicht eingetaucht.

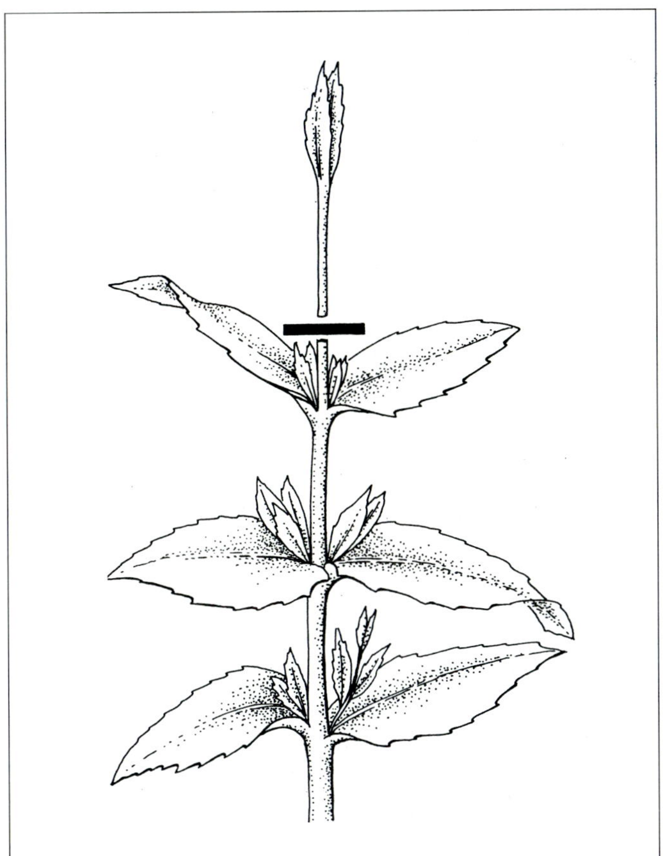

Das »Stoppen« oder Pinzieren der jungen Dahlienpflanze fördert das Wachstum der Seitentriebe.

ren. Auch Blattläuse können bereits im Gewächshaus auftreten. Dagegen hilft die Spraydose – es sei denn, Sie haben ein besseres Hausmittel.

Auspflanzen der Stecklinge

Das Auspflanzen ins gut vorbereitete Freiland erfolgt erst dann, wenn keine Fröste mehr zu erwarten sind, also Mitte oder Ende Mai. Wir müssen die Stecklinge sofort an einem oder am besten zwischen zwei Stäben befestigen und auch angießen. In die Erde können wir vorher ein wenig Volldünger einarbeiten. Die Abstände dürfen etwas geringer als bei den Knollen sein.

Die Jungpflanzen müssen regelmäßig gewässert werden. Sind sie einmal richtig ausgetrocknet, erholen sie sich meistens nicht mehr. Auch muß auf eventuell doch noch auftretende allerletzte Fröste geachtet werden. Wenn der Wetterbericht noch einmal Frostgefahr meldet, müssen Sie wohl oder übel nach draußen und die Stecklinge mit Kisten oder Zeitungspapier abdecken. Die Arbeit von mehreren Wochen sollte man sich nicht in einer einzigen Frostnacht zunichte machen lassen.

Tricks zur Gewinnung größerer Blüten

Stoppen

Haben die Stecklinge eine gewisse Höhe erreicht, können wir sie »stoppen«. Wir entfernen dazu die Spitze des Triebes, auch wenn dort vielleicht schon eine erste Blütenknospe zu sehen ist (Abbildung Seite 87). Wir belassen der Pflanze drei oder vier »Etagen«, das heißt Blattknoten (Nodien), aus denen die Seitentriebe herauskommen. Diese wachsen dann stärker, weil die Dahlie den Verlust des Haupttriebes ausgleichen will. Insbesondere werden die Blüten an diesen Nebentrieben größer und eventuell auch etwas farbintensiver.

Wenn man für Ausstellungen ausgesprochene Riesenblumen erzielen möchte, kann man die Zahl der Blüten und der Seitentriebe noch weiter reduzieren. Es gibt im Ausland einige Superexperten, die für die dort durchgeführten »vase shows« ihre Dahlien regelrecht amputieren und bei den »Giants« (zum Beispiel 'Hamari Gold' oder 'Alva's Supreme') insgesamt nur zwei oder drei Blüten pro Pflanze zulassen. Diese schlagen dann aber in bezug auf die Größe alle Rekorde. Bei den mittleren und kleineren Sorten werden nur vier bis acht Blüten bzw. Triebe stehengelassen.

Die Methode des Stoppens kennen wir übrigens im Gartenbau auch unter den Begriffen »Entspitzen« und »Pinzieren«.

Das Stoppen muß gelegentlich auch schon im Gewächshaus vorgenommen werden, wenn die Stecklinge zu lang werden. Dies kommt bei früh abgenommenen Stecklingen oder bei besonders wüchsigen Sorten häufiger vor.

Das Ausbrechen oder Auskneifen der Nebenknospen und Nebentriebe fördert das Wachstum der Hauptknospe erheblich.

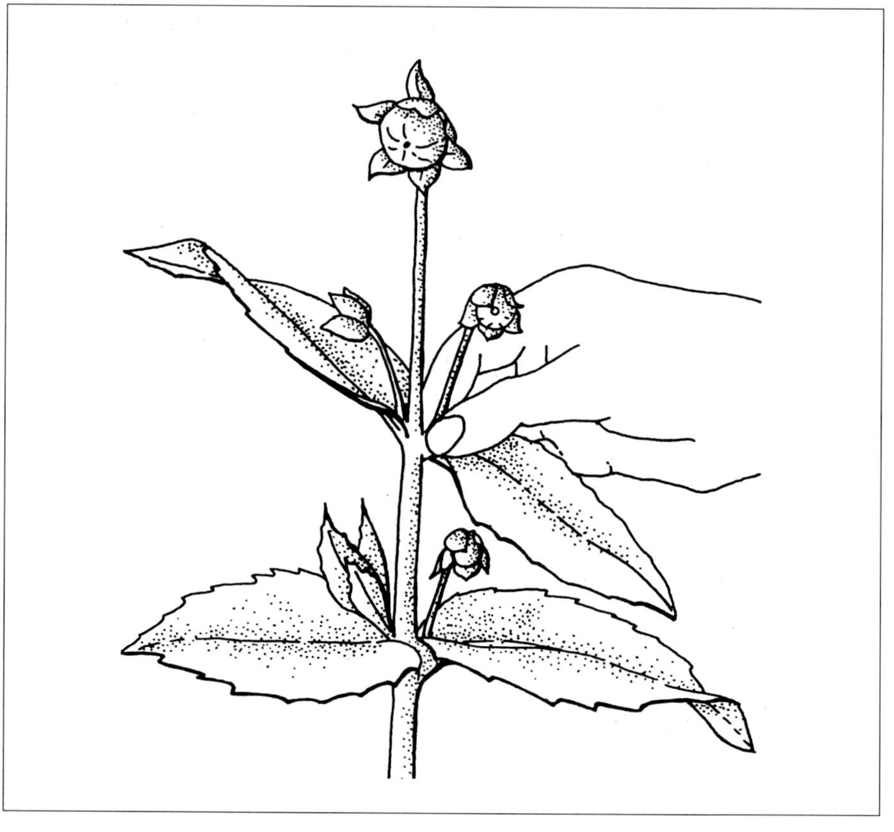

Ausbrechen

Das Stoppen genügt aber noch nicht. Noch wichtiger ist das Ausbrechen oder Auskneifen der Nebenknospen. Am Ende jeden Triebes haben wir fast immer eine Hauptknospe und zwei Nebenknospen. Letztere werden – so früh wie möglich – entfernt (Abbildung). Dadurch wird das Wachstum der Hauptknospe erheblich gesteigert. Auch die Knospen und die sich entwickelnden Seitentriebe in den unteren zwei, drei Blattachseln können entfernt werden.

Die Methode des Ausbrechens führte übrigens der Züchter Friedrich Werner aus Beuel in Deutschland ein. Sein Sohn, Heinz Werner, berichtet, daß sein Vater sie aus den Niederlanden übernommen und 1926 für eine Ausstellung zum ersten Mal in größerem Stile angewandt hatte. Es soll zu heftigen Diskussionen unter den Fachleuten gekommen sein, weil einige es als Manipulation und Betrug am Publikum ansahen (Jahrbuch der DDFGG 1977, Seite 12).

Das Stoppen und Ausbrechen, welches ohne Einschränkung auch bei Knollendahlien angewandt werden kann, führt in der Tat zu einer erheblichen Vergrößerung der Blüten, die bei »natürlichem« Wachstum nicht zu erzielen wäre.

Auch wer diese Methoden nicht anwenden möchte, sollte es einmal interessehalber an ein oder zwei Pflanzen ausprobieren. Der Unterschied ist enorm. Nur mit diesen – sehr rigorosen und künstlichen – Maßnahmen kann man in bezug auf Blütengröße und Farbwirkung aus seinen Dahlien das »herausholen«, was in ihnen steckt und wofür die Züchter, insbesondere bei den großblumigen Sorten, gearbeitet haben.

Schlußwort

Linke Seite: **Zuverlässig in Orangerot blüht die beliebte Sorte 'Else Crellin'.**

Leider ist das Buch hier zu Ende. Dabei könnte ich Ihnen noch viele weitere interessante Dinge über die Dahlie berichten, die Sie eigentlich wissen sollten. Verschiedene wichtige Themen mußten wir auslassen. So bildet zum Beispiel die Dahlienzüchtung ein sehr umfangreiches Gebiet. Zur Technik und zu den Zuchtzielen müßte viel gesagt werden. Weiter ist die Entstehung neuer Sorten durch die sogenannten »Sports«, durch vegetative Mutationen, ein Kapitel für sich. Auch die Meristem-Vermehrung müßten wir erörtern. Es handelt sich dabei um eine zukunftsträchtige Möglichkeit, im Labor aus kleinsten Pflanzenteilen große Mengen an neuen Dahlien zu produzieren, dazu noch mit einer Methode, durch die Viruserkrankungen weitgehend ausgeschaltet werden.

Ich hätte Ihnen auch noch gerne die großen Zuchtbetriebe im In- und Ausland vorgestellt. Die Entwicklung dieser Firmen und die Geschichte der Züchterfamilien ist hochinteressant. Die gewerbliche Produktion der Dahlien und der große, weltweite Markt für diese Pflanze wären ebenfalls einige Ausführungen wert.

Besonders wichtig sind die großen Dahlienausstellungen auf den verschiedenen Bundes- und Landesgartenschauen sowie die zahlreichen Dahliengärten von Hamburg bis zur Mainau. Auch die vom deutschen Fachverband, der Deutschen Dahlien-, Fuchsien- und Gladiolen-Gesellschaft (DDFGG), jährlich durchgeführten Prüfungen in eigens hierfür eingerichteten Sichtungsgärten sind von großer Bedeutung. Hier unterliegen Neuzüchtungen der strengen Kontrolle von Fachleuten.

Alle diese Punkte kann ich Ihnen hier nicht mehr vorstellen. Wenn es mir trotzdem gelungen sein sollte, bei Ihnen ein klein wenig Interesse für die Dahlie zu wecken, würde ich mich sehr freuen. Sie können sich bei der DDFGG oder über die Züchterfirmen weitere Informationen beschaffen. Versuchen Sie es ruhig – Postkarte genügt!

Verzeichnisse

Literaturverzeichnis

Damp, Philipp: Dahlias – The Complete Guide. Crowood Press, Ramsbury 1989.

Damp, Philipp: Dahlias. Century Hutchinson Ltd. London 1987.

Damp, Philipp: Growing and Showing Dahlias. David and Charles, London 1985.

Dänhardt, Werner: Die Dahlie. VEB Deutscher Landwirtschaftsverlag, Berlin 1963.

Jelitto, Leo, und Pfitzer, Paul: Dahlien im Garten und im Haus. Verlag Eugen Ulmer, Stuttgart (1. Auflage 1941) und 1950 (2. Auflage).

Parker, Gayner W.: Growing Dahlias. Kangaroo Press, Kenthurst 1987.

Schönborn, Gustav: Unsere Dahlien. Verlag Martin Luther, Erfurt 1939.

Willmeroth, B. A. J.: Dahlien, Rheinische Monatsschrift, Heft 3, 1969.

Withley: Dahlias of Today, 1987

Jahrbücher der Dahliengesellschaften

Bulletin. American Dahlia Society, 10 Roland Place, Wyne, NJ 07470, USA.

Dahlias of Today. Puget Sound Dahlia Association, 14021 Sunnyside Avenue, North Seattle, WA 98133, USA.

Jaarboek der Nederlandse Dahlia Vereniging, Herenweg 105, 2201 AE Nordwijk

Jahrbuch der Deutschen Dahlien-, Fuchsien- und Gladiolen-Gesellschaft (DDFGG), Drachenfelsstraße 9 a, 5300 Bonn (Bad Godesberg)

The Dahlia Annual. National Dahlia Society, 28 Manor Road, Barlestone, Nuneaton, Warwickshire.

Bezugsquellen

Bei den nachfolgenden Firmen handelt es sich um Zuchtbetriebe, in denen teilweise schon in dritter Generation Dahlien gezüchtet werden. Wer sich für bestimmte Sorten interessiert und nicht auf Zufallskäufe im Gartencenter angewiesen sein möchte, sollte sich hier informieren und Prospekte anfordern. Diese Betriebe freuen sich auch über Ihren Besuch.

Gärtnerei Otto Bergerhoff, Puhler Straße 3, 5276 Wiehl

Dahlienkulturen Dietrich Gnass, Ringstraße 15, 5760 Arnsberg 2

Gartenbau K.H. Hilmer, Altengammer Elbdeich 142, 2050 Hamburg 80

Pfitzer-Pflanzen, Klaus Pfitzer, Täschenstraße 51, 7012 Fellbach

Gomaringer Dahlien, Erhard Schulz, Grundstraße 41, 7413 Gomaringen

Dahlien-Schwieters, Wilhelm Schwieters, Wehr 280, 4427 Legden (Westfalen)

Dahlien-Kulturen Walter Thiemann, Marke 3, 5609 Hückeswagen

Dahlienhof Tönjes, Hasbergen-Bywisch, 2870 Delmenhorst

Dahlien-Zuchtbetrieb Rolf Wagschal, Klosterbergenstraße 26, 2057 Reinbek

Dahlien-Kulturen Dr. Gerhard Wirth, Leschetitzkygasse 11, A-1180 Wien

Sachregister

Seitenzahlen mit Sternchen* verweisen auf Farbabbildungen

Sortenregister

Bei der folgenden Aufstellung handelt es sich zugleich um eine Liste bewährter und empfehlenswerter Sorten.
Sternchen* verweisen auf Farbabbildungen, in Klammern gesetzte Sorten sind nicht mehr im Handel erhältlich (historische Sorten)

Bildquellen

Die Zeichnungen fertigte Marlene Gemke, Germering, nach Vorlagen des Autors und nach Vorlagen aus der Fachliteratur.

Apel, J. Baden-Baden: Seite 9, 66
Herzog, U., Bad Bellingen: Seite 21 (beide)
Lehmann, I., Kippenheim: Seite 60, 63, 90
Reinhard, H., Heiligkreuzsteinach: Seite 2

Alle anderen Aufnahmen stammen von Manfred Hylla, Westerstede.